AF587297

Corbeilles de Paris

Ivan Baschang

Hg.: Claudia Jansen
Dieser Katalog erscheint anlässlich der Ausstellung
Ivan Baschang – Corbeilles de Paris
2013/ 2014

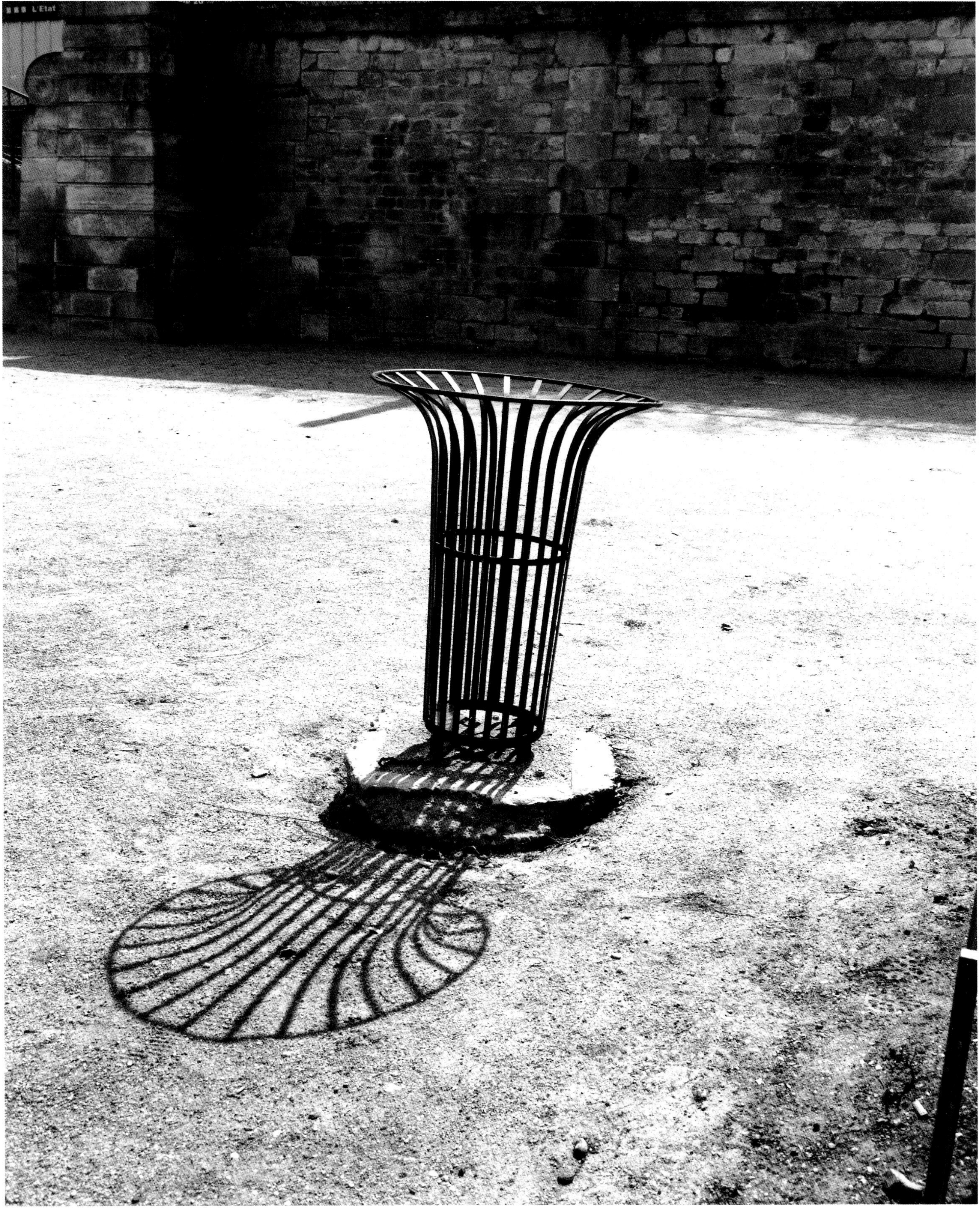
L'Etat

Das Modell „Tulipe“, schön… wenn es leer ist

Le modèle „Tulipe“, beau… quand il est vide

Man sucht sie vergebens auf den Fotografien von Berühmtheiten wie Charles Marville, Eugène Atget, Brassaï oder Robert Doisneau. Für diese „Stadtgeographen“ und Beobachter waren sie offenbar kein interessantes Motiv. In Bildbänden über Paris findet sich kaum ein Foto, auf dem sie als Teil des Pariser Stadtmobiliars zu sehen sind. Die Akten zu den Entwürfen dieses Mobiliars unter Georges-Eugène Baron Haussmann sind zahlreich und belegen detailliert, wie das Ensemble aus Bänken, Laternen, Kiosken, Baumringen etc. ursprünglich ausgesehen hat. Corbeilles waren hier nicht vorgesehen.[1] Erst in den 1960er Jahren begann sich laut Marie de Thézy die Forschung für das „Stadtmobiliar“ zu interessieren. Auch der Begriff stammt aus dieser Zeit und beschreibt im weitesten Sinn Elemente, die den öffentlichen Raum gestalten und eine bestimmte Funktion erfüllen.[2]

Zu Beginn der Recherchen zu den Corbeilles als Detail der Pariser Stadtgestaltung schien es so, als seien die Unterlagen hierzu im Dickicht der Archive und Verwaltungen verschwunden. Jede und jeder Befragte kannte zwar die eisernen Mülleimer, in welchem Zusammenhang und wann sie aufgestellt wurden, ließ sich jedoch nicht beantworten. Baron Haussmann selbst erwähnte in seinen Memoiren die Bänke und die Trinkbrunnen, sprach aber kaum über den Rest.[3] Er war 1853 von Napoléon III. zum Präfekten des Departements Seine ernannt

On les cherche en vain sur les photos des célébrités comme Charles Marville, Eugène Atget, Brassaï ou Robert Doisneau. Pour ces « géographes des villes » et observateurs, elles n'étaient manifestement pas un motif intéressant. Dans les albums sur Paris, on ne trouve pratiquement aucune photographie où elles apparaissent en tant qu'élément du mobilier urbain parisien. Les documents sur les dessins consacrés à ce mobilier conçu à l'époque du baron Georges-Eugène Haussmann sont nombreux et documentent en détail l'apparence du premier groupe constitué de bancs, réverbères, kiosques, grilles d'arbres etc. Les corbeilles n'y étaient pas prévues.[1] Selon Marie de Thézy, ce n'est que dans les années 60 que l'on commença à s'intéresser à l'étude du « mobilier urbain ». L'expression même date de cette époque et décrit au sens large les objets qui sont installés dans l'espace public et remplissent une certaine fonction.[2]

Au début des recherches sur les corbeilles en tant que détail de l'environnement parisien, c'était comme si les documents s'y rapportant avaient disparu de la jungle des archives et des administrations. Toutes les personnes interrogées connaissaient bien la poubelle en fer, mais personne ne savait ni à quelle occasion ni à quel moment elle avait été mise en place. Dans ses mémoires, le baron Haussmann mentionnait les bancs et les fontaines d'eau potable, mais évoquait à peine le reste.[3] Il avait été nommé préfet de la Seine

worden, um Paris neu zu gestalten. Das Stadtbild von heute ist in weiten Teilen das, was unter ihm verwirklicht wurde. Ganze Stadtteile sind zugunsten neuer Sichtachsen, Avenuen und Boulevards abgerissen worden, was auch große Kritik provozierte. Für die Gestaltung der Parkanlagen rief Haussmann den „Service des Promenades et Plantations" unter Leitung von Jean-Charles-Adolphe Alphand ins Leben, der das Amt bis 1870 innehatte. Ihm oblag unter anderem die Umgestaltung des Bois de Boulogne in einen Park englischen Stils ebenso wie die des Bois de Vincennes.

Napoleon III. wollte die Natur Einzug in der Stadt halten lassen. So entstanden nicht nur zahlreiche Parks und Grünflächen, auch Dekor und Form des Stadtmobiliars waren an Naturformen orientiert.[4] Kioske, Brunnen, Toilettenhäuschen, Bänke und Laternen sollten den promenierenden Bürgern nicht nur nützlich sein. Sie sollten auch die Umgestaltung der Straßen und Parks vervollständigen und durch ihre Anordnung den Stadtraum neu möblieren, rhythmisieren und ausschmücken.[5] Zuständiger Architekt unter Alphand war Gabriel Davioud.[6] Welche Teile des Stadtmobiliars von ihm selbst entworfen wurden, läßt sich nicht genau sagen, wohl aber, dass er als Chefarchitekt an der gesamten Ausarbeitung beteiligt war.[7]

Zurück zu den Corbeilles. Denyse Rodriguez-Thomé gibt eine genaue Datierung für die Aufstellung des ersten Papierkorbs an der Place de l' Opéra in Paris im Jahr 1908 an. Er wird als „corbeille à papier" bezeichnet. Um welches Modell es sich genau handelt, ist nicht erwähnt.[8] Die Frage nach der Entwicklung des Papierkorbs in der Ära Haussmann und zwischen 1908 - 1920 kann in diesem Rahmen nicht lückenlos beantwortet werden. Festzuhalten bleibt, dass der Corbeille Tulipe nach dem Ersten Weltkrieg entworfen wurde und hauptsächlich für die Parkanlagen vorgesehen war.[9] In der Zeitschrift „Monuments Historiques" stellt Florence Michel fest, dass 1920 der „Korb in Tulpenform" kreiert worden sei, als immerhin „kleine Innovation" auf dem

en 1853 par Napoléon III pour transformer Paris. La physionomie actuelle de la ville correspond en grandepartie à ce qui a été réalisé sous ses ordres. Des quartiers entiers ont été détruits pour créer de nouvelles perspectives, des avenues et des boulevards ce qui provoqua une importante vague de critiques. Pour les parcs et jardins, Haussmann créa le « Service des Promenades et Plantations » à la tête duquel il plaça Jean-Charles-Adolphe Alphand qui garda ses fonctions jusqu'en 1870. Il fut, entre autres, chargé de transformer les bois de Boulogne et de Vincennes en jardins de style anglais.

Napoléon III voulait que la nature fasse son entrée dans la ville. C'est ainsi qu'ont été créés de nombreux parcs et espaces verts. Les ornements et la forme du mobilier urbain s'inspiraient également des formes issues de la nature.[4] Les kiosques, les fontaines, les vespasiennes, les bancs et les réverbères devaient non seulement être utiles aux promeneurs, ils devaient aussi compléter la métamorphose des rues et des parcs. Leur disposition dans l'espace devait créer un nouvel aménagement, donner un nouveau rythme et inventer un nouveau décor.[5] L'architecte délégué à cette tâche par Alphand fut Gabriel Davioud.[6] On ne peut pas dire exactement quelles pièces du mobilier urbain ont été dessinées par lui, mais on peut cependant affirmer qu'il a participé à l'ensemble du projet en tant qu'architecte en chef.[7]

Revenons-en aux corbeilles. Denyse Rodriguez-Thomé date avec précision la mise en place en 1908 de la première corbeille place de l'Opéra à Paris. Elle porte le nom de « corbeille à papier ». Il n'est pas précisé de quel modèle il s'agit exactement.[8] La question du développement de la corbeille à papier à l'époque d'Haussmann ainsi qu'entre 1908 et 1920 ne peut pas être totalement élucidée ici. Il faut simplement retenir que la corbeille Tulipe a été conçue après la Première Guerre mondiale et qu'elle était destinée principalement aux parcs.[9] Dans la revue « Monuments Historiques », Florence Michel constate que la « corbeille en forme de tulipe » a été créée en

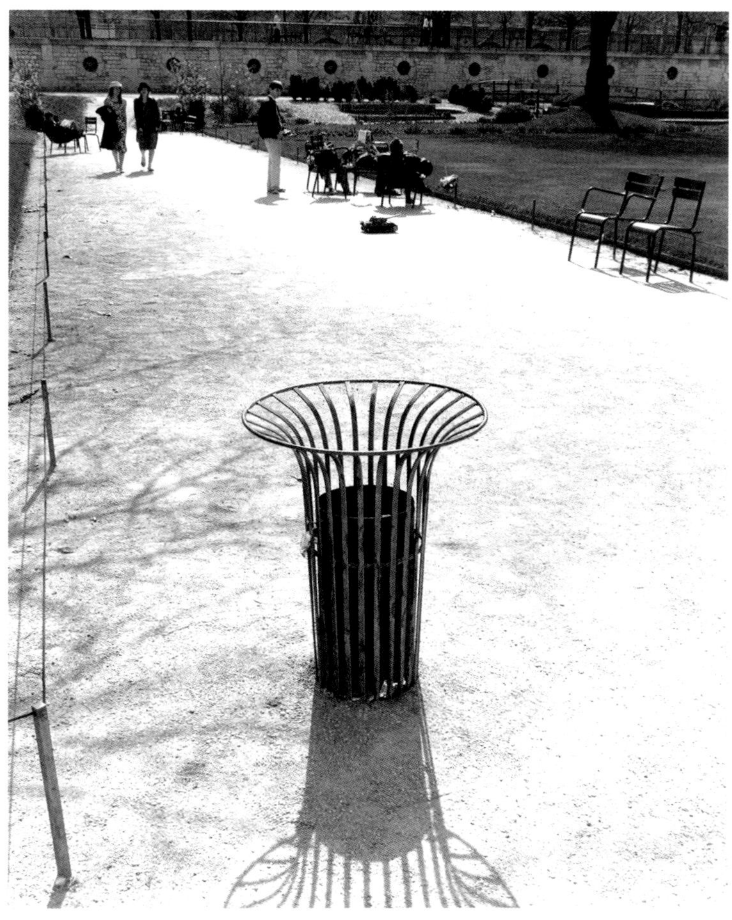

Gebiet des Stadtmobiliars.[10] Seine Form resultiert aus einer Anlehnung an Art Nouveau sowie an das alte Mobiliar, welches noch weitgehend das Stadtbild prägte. Gleichzeitig zeugt seine eher schlichte Sachlichkeit von einer Hinwendung zum Art Déco. Eigens für die Grünflächen entworfen, ist die Wahl einer stilisierten, sich öffnenden Blüte konsequent. Die drei Füße sind nicht sichtbar im Boden verankert wodurch suggeriert wird, dass die eisernen Stäbe aus der Erde emporwachsen.[11]

Der Corbeille Tulipe war nicht nur formal eine „kleine Innovation". Mit seinem Erscheinen kurz nach dem Ersten Weltkrieg markiert der Tulpenkorb die kulturellen und politischen Umwälzungen, die der „Große Krieg" mit sich gebracht hatte. Er beschreibt auch die Zeit der Industrialisierung, die im 19. und 20. Jahrhundert mehr und mehr Menschen in die Großstadt drängte. Viele nutzten die Möglichkeit, auf Boulevards und in Parks zu flanieren, sich auf den Bänken auszuruhen, Erfrischungen oder

1920 et qualifiée tout de même de « petite innovation » dans le domaine du mobilier urbain«.[10]
Sa forme s'inspire sans doute de l'Art Nouveau et de l'ancien mobilier qui marquait encore pour une large part le paysage de la ville. En même temps, sa sobriété pragmatique témoigne d'une influence de l'Art Déco. Comme elle a été dessinée spécialement pour les espaces verts, le choix d'une fleur ouverte stylisée est cohérent. Les trois pieds ne sont apparemment pas ancrés dans le sol ce qui laisse penser que les tiges de fer sont issues de la terre.[11]
La corbeille Tulipe n'était pas seulement du point de vue de la forme une « petite innovation ». L'apparition de la corbeille Tulipe peu de temps après la Première Guerre mondiale marque les bouleversements culturels et politiques provoqués par la Grande Guerre. Elle décrit aussi l'époque de l'industrialisation qui fit se déplacer toujours plus de gens vers les villes au XIXe et au XXe siècle. Nombreux sont ceux qui flânent sur les boulevards et dans les parcs, se reposent sur les bancs ou achètent des rafraîchissements ou des journaux dans les kiosques. Par la suite, les parcs qui étaient censés offrir calme et repos, se dégradèrent de plus en plus. C'est ainsi que, par la force des choses, se fit sentir la nécessité de corbeilles dont la fabrication devint plus tard industrielle.
Une mise en place à grande échelle semble cependant avoir encore duré quelques temps. Dans un journal de 1923, on se plaignait encore de la saleté des trottoirs quand, à l'étranger, on avait des corbeilles à papier.[12] Dans les années 50, selon Michel, on parle déjà de vandalisme dans les parcs.[13] L'année 1958 vit alors la création du « C.A.P.P. »[14], un organisme municipal responsable de la propreté de l'espace public. En 1961, il y avait déjà 6 000 corbeilles à papier dans la ville.[15] Dans le cadre de la « campagne de la propreté »[16] lancée durant les années suivantes, il était encore question de deux tonnes de papier et de tickets de métro qui devaient être ramassés quotidiennement dans les espaces verts.[17] Outre la propreté, l'aspect financier jouait aussi un grand rôle.

Zeitungen an den Kiosken zu kaufen. In der Folge verwahrlosten die Parks, die doch eigentlich Ruhe und Erholung bieten sollten. So entwickelte sich zwangsläufig ein Bedarf an Papierkörben, die dann später industriell gefertigt wurden.
Die umfassende Installation derselben scheint sich hingezogen zu haben. In einer Zeitung beschwerte man sich noch 1923 über die schmutzigen Bürgersteige, während man im Ausland Papierkörbe habe.[12] In den 1950er Jahren muss man laut Michel bereits von Vandalismus in den Parks sprechen.[13] 1958 hat sich dann das „C.A.P.P.“[14] gegründet, eine städtische Einrichtung für die Sauberkeit des öffentlichen Raums. 1961 gab es bereits 6.000 Papierkörbe in der Stadt.[15] In der in den Folgejahren lancierten „Kampagne für die Sauberkeit“[16] war aber immer noch die Rede von zwei Tonnen Papier und Metrotickets, die täglich aus den Grünanlagen entfernt werden müssten.[17] Neben der Sauberkeit spielte auch der finanzielle Aspekt eine Rolle. Die Anschaffung der Körbe sowie das Personal zum Entleeren mussten bezahlt werden. Auf der anderen Seite konnten Herstellerfirmen mit der Produktion neuer oder verbesserter Papierkörbe hohe Gewinne erzielen. Die Firma JCDecaux beispielsweise wurde in den 1960er Jahren erfolgreich mit dem „abribus“, einer Bushaltestelle mit integrierter Werbefläche. Darauf aufbauend stieg die Firma in viele Bereiche der Stadtmöblierung ein, unter anderem Toilettenhäuschen, Informationstafeln, Beschilderungen und ab 1972 auch Papierkörbe in unterschiedlichen Ausführungen, die in großer Zahl von der Stadt angekauft wurden.[18] 1976 wurde das Aufstellen des Corbeille Tulipe für alle Grünflächen amtlich bewilligt. Kaum zehn Jahre später wurde festgestellt, dass dieses Modell ungeeignet für die aktuellen Ansprüche der Müllentsorgung ist. Mit 30 l Volumen sei es zu klein, schlecht von Hand zu entleeren und überdies „nur schön, wenn es leer ist“.[19]

Ab Mitte der 1990er Jahre wurden bereits die ersten Plastiksäcke[20] in Paris aufgestellt. 2010 waren es 36.000 Stück.[21] 1995 und 1996 hatte es mehrere

L'acquisition des corbeilles ainsi que le personnel chargé de les vider devaient être payés. D'un autre côté, les entreprises fabriquant de nouvelles corbeilles ou améliorant les anciens modèles pouvaient faire des profits. Le début de la réussite de la société JCDecaux avait été marqué par exemple dans les années 1960 par l'« abribus », un abri d'arrêt de bus avec une surface publicitaire intégrée. Forte de ce succès, la société se lança dans de nombreux domaines de l'ameublement urbain, notamment les toilettes, les panneaux d'information, les panneaux de signalisation et, à partir de 1972, également les corbeilles à papier dans différentes versions qui furent achetées en grand nombre par la ville.[18] En 1976, la mise en place de la corbeille Tulipe a été validée par l'administration pour tous les espaces verts. A peine dix ans plus tard, on constata que ce modèle n'était pas adapté aux nouvelles exigences de l'élimination des déchets. Avec un volume de 30 l, il était trop petit, difficile à vider à la main et de surcroît « beau... quand il est vide ».[19]

Au milieu des années 90, on commença à utiliser à Paris les premiers sacs en plastique[20]. En 2010 on en comptait 36 000.[21] En 1995 et en 1996 il y avait eu plusieurs attentats à la bombe dans le réseau du RER et du métro. Le « Plan Vigipirate » de 1978 qui dictait des mesures de sécurité en cas d'attentats terroristes fut modifié plusieurs fois, entre autres en 1995 et après les attentats du 11 septembre 2001. Il prévoyait dès 1995 le retrait ou la fermeture hermétique de 7 000 poubelles afin que celles-ci ne puissent pas être utilisées pour y déposer des bombes. Elles furent supplantées petit à petit par des sacs en plastique.[22] Le modèle Tulipe fut aussi touché par les mesures de sécurité et ne se trouve plus que de manière isolée. Le 4/3/2013, le journal « Le Parisien » annonçait que les sacs en plastique qui avaient fait l'objet de toutes sortes de critiques depuis leur apparition devaient être complètement remplacés par la ville jusqu'en mars 2014 par des sacs dotés d'un design plus actuel.[23] En outre, il existe depuis quelques années un nouveau modèle

Bombenanschläge in der Vorortschnellbahn (RER) und Metro gegeben. Der „Plan Vigipirate“ von 1978, der Sicherheitsmaßnahmen bei terroristischen Anschlägen festlegt, wurde mehrfach modifiziert, unter anderem 1995 und nach den Anschlägen des 11. September 2001. Er sah bereits 1995 das Entfernen oder Zuschrauben von 7.000 Mülleimern vor, damit diese nicht als Bombendeponie dienen könnten. Sie wurden nach und nach durch Plastiksäcke ersetzt.[22] Auch das Modell Tulipe fiel den Sicherheitsmaßnahmen zum Opfer und ist nur noch vereinzelt zu finden. Am 4.3.2013 meldete die Zeitung „Le Parisien“, dass die Plastiksäcke, seit ihrem Erscheinen allerlei Kritik unterworfen, bis März 2014 von der Stadtverwaltung vollständig durch solche mit zeitgemäßerem Design ersetzt werden sollen.[23] Übrigens gibt es seit einigen Jahren schon ein neues Modell Tulipe, das von verschiedenen Fabrikanten hergestellt wird. Es wurde in den Tuilerien, im Garten des Rodin Museums oder im Schlosspark von Meudon nahe Paris aufgestellt, ebenfalls in vielen Kleinstädten Frankreichs.

Als profaner Teil einer jeden Stadtgestaltung wird das Stadtmobiliar von den Passanten nicht unbedingt bewusst wahrgenommen. Laternen, Bushaltestellen, Rufsäulen, Hinweisschilder, Anzeigetafeln, Bänke und eben auch Papierkörbe folgen aber einem architektonischen oder zumindest stadtplanerischen Programm. Es ist festgelegt, welchen Abstand Bäume zu Bänken, Laternen zu Mülleimern haben etc., wodurch der Rhythmus vorgegeben wird, dem das Auge des Passanten folgen soll.

Agnès Levitte befasst sich in ihrer Arbeit zur „Wahrnehmung von Alltagsobjekten im städtischen Raum“ unter anderem mit der Frage, welche Auswirkungen die Neuinstallation der „Plastiktüten an einer Metallhalterung“ auf die Bürgerinnen und Bürger haben könnte. Diese Objekte tauchten von heute auf morgen im Stadtbild auf und waren bald an jeder Ecke zu sehen. Sie erinnerten viele Pariser an die Bombenanschläge. Zehn Jahre später

Tulipe produit par différents fabricants. Il a été installé aux Tuileries, dans le jardin du Musée Rodin ou dans le jardin du Château de Meudon près de Paris, et dans de nombreuses petites villes françaises.

Elément profane du décor d'une ville, le mobilier urbain n'est pas forcément perçu de manière consciente par les passants. Les réverbères, les arrêts de bus, les bornes d'appel, les panneaux indicateurs, les panneaux d'information, les bancs mais aussi les corbeilles à papier répondent à un concept sinon d'architecture du moins d'urbanisme. Les distances entre arbres et bancs, réverbères et poubelles, etc. sont définies, imposant ainsi le rythme que doit prendre le regard des promeneurs.

Dans son travail, Agnès Levitte se consacre à la « perception des objets quotidiens dans l'espace urbain » et, entre autres, à la question de l'effet produit sur les citadins par l'installation de sacs en plastique attachés à des structures métalliques. Ces objets sont apparus d'un jour à l'autre dans l'environnement urbain et on a pu alors les voir à tous les coins de rue. Ils remémoraient les attentats à de nombreux Parisiens. Dix ans plus tard, ce souvenir pénible commençait certes à s'effacer, mais les sacs en plastique demeurèrent le témoin de l'histoire récente.[24] Ils suscitent deux types d'émotions négatives selon Levitte. D'une part leur lien historique avec les attentats. D'autre part une certaine déception et un agacement car ces sacs en plastique manquent totalement de raffinement et d'esthétique.[25] Aujourd'hui, la ville de Paris s'efforce d'elle-même de faire avancer le remplacement des sacs en plastique. Cela est peut-être dû à la constatation qu'une certaine esthétique, un design à la mesure de la capitale française, n'est pas apaisant que pour l'œil.

Le photographe Ivan Baschang s'est étonné lui aussi de l'apparition des sacs poubelle et de la disparition des anciennes corbeilles. Il n'a véritablement pris conscience de la corbeille Tulipe qu'au fur et à mesure que les sacs transparents marquaient la

verblasste zwar diese unangenehme Erinnerung, aber die Plastiksäcke blieben als Zeichen der jüngsten Geschichte bestehen.[24] Zweifach wecken sie laut Levitte negative Gefühle. Zum einen durch ihre historische Verbindung zu den Anschlägen. Zum anderen provozieren sie Abscheu, da den Plastiksäcken jegliche Raffinesse und Ästhetik fehlt.[25] Heute treibt die Pariser Stadtverwaltung selbst die Ersetzung der Plastiksäcke voran. Vielleicht liegt das an der Erkenntnis, dass eine gewisse Ästhetik, ein der Hauptstadt Frankreichs angemessenes Design, nicht nur beruhigend auf das Auge wirkt.

Auch der Fotograf Ivan Baschang wunderte sich über das Auftauchen der Müllsäcke und das Verschwinden der alten Corbeilles. Klar ins Bewusstsein gedrungen ist ihm der Tulpenkorb erst, als immer mehr Plastiksäcke das Stadtbild prägten. Das Modell Tulipe schien ihm in seiner schlichten Schönheit weit mehr zu Paris zu passen, als dessen hässlicher Ersatz. 2004 begann er seine Fotoserie „Corbeilles Tulipe“. Wie weit ihn dieses Thema noch führen würde, war zu dieser Zeit nicht absehbar. Er begann die Serie mehr aus einer Ahnung denn aus der Gewissheit heraus, hier ein Objekt gefunden zu haben, das vom völligen Verschwinden bedroht war.

Nachdem er die ersten Fotos in den Tuilerien und im Jardin du Palais Royal gemacht hatte, begab sich Ivan Baschang in der Stadt auf die Suche. In den Parks und Gärten, die er anfangs aufsuchte, standen keine Tulpenkörbe mehr und er fragte sich, wo diese geblieben seien. Bei seinen Exkursionen erfuhr er von einer riesigen Halde eiserner Mülleimer, die am Stadtrand auf ihre Verschrottung warteten. Er kam zu spät. Jetzt interessierten ihn nicht mehr allein die Fotografien, sondern auch die Objekte als solche. Er fragte die Gärtner und Handwerker der Parks und Friedhöfe nach dem Verbleib weiterer Körbe. Er drang vor zu den Amtsleitern der Verwaltungen der Stadt Paris. Neue Hinweise brachten ihn an neue Orte, den Cimetière de Thiais, den Bois

physionomie de la ville. Avec sa sobre beauté, le modèle Tulipe lui sembla bien mieux convenir à Paris que son ersatz bien laid. Il commença en 2004 sa série de photos des « Corbeilles Tulipe ». A cette époque, il ne pouvait pas encore savoir jusqu'où ce sujet le mènerait. Il débuta sa série bien plus avec l'intuition que la certitude d'avoir trouvé un objet menacé de totale disparition.

Après avoir fait les premières photos aux Tuileries et au jardin du Palais Royal, Ivan Baschang partit dans la ville à la recherche de son motif. Dans les premiers parcs et les jardins dans lesquels il se rendit, il n'y avait plus de corbeilles Tulipe et il se demanda où celles-ci pouvaient bien être. Au cours de ses investigations il entendit parler d'un énorme amoncellement de poubelles en fer à la périphérie de la ville en attente d'être mises à la ferraille. Il arriva trop tard. A présent, son intérêt ne se limitait plus aux seules photographies mais portait aussi sur les objets en tant que tels. Il demanda aux jardiniers et aux ouvriers dans les parcs et les cimetières où il pouvait trouver d'autres corbeilles. Il poursuivit sa recherche jusqu'aux responsables municipaux de la ville de Paris. De nouveaux renseignements l'emmenèrent vers de nouveaux endroits, le cimetière de Thiais, le bois de Boulogne, le bois de Vincennes. Un hasard heureux fit qu'on lui remit à Vincennes et Thiais, mais aussi aux Tuileries, des corbeilles qui venaient d'être enlevées. Baschang était fasciné par les poubelles en fer et voyait en elle plutôt la sculpture que la corbeille à papier fonctionnelle. En particulier aux Tuileries, elles semblèrent au photographe solitaires et isolées, déjà étrangères à leur fonction, tels des fragments d'un temps passé. Bien que partiellement tordues, rouillées ou déjà détachées du sol avec leur socle, elles n'avaient rien perdu de leur élégance initiale. Le photographe enleva lui-même la rouille et la peinture des corbeilles qu'il avait acquises. Il conserva « ses » corbeilles avec de la cire liquide pour les exposer la première fois en 2009 avec les photographies. Mais cela ne suffisait pas à Baschang. En 2011,

de Boulogne, den Bois de Vincennes. Durch einen glücklichen Zufall überließ man ihm in Vincennes und Thiais soeben entfernte Körbe, ebenso in den Tuilerien. Baschang war fasziniert von den eisernen Mülleimern und sah in ihnen eher die Skulptur als den funktionalen Papierkorb. Besonders in den Tuilerien schienen sie dem Fotografen einsam und isoliert, schon ihrer Funktion enthoben, Fragmente einer vergangenen Zeit. Teils verbogen, verrostet oder mitsamt dem Sockel aus dem Boden gelöst, hatten sie nichts von ihrer ursprünglichen Eleganz eingebüßt. Von Hand entfernte der Fotograf Rost und Lack der bereits erbeuteten Körbe. Er konservierte „seine" Corbeilles mit Flüssigwachs, um sie 2009 erstmals gemeinsam mit den Fotografien auszustellen. Doch das genügte Baschang nicht. 2011 wurde er im Musée Rodin fündig. Das Museum übereignete ihm großzügigerweise die Corbeilles. Er taufte sie „Corbeilles Rodin", da sie sich etwas in der Form vom Tulipe unterscheiden. Die Eisenstäbe laufen senkrecht nach oben, bevor sie an der Öffnung einen Trichter bilden. Auch waren die Füße nicht in den Boden gesenkt sondern erhöhten den Korb wenige Zentimeter. Für Baschang ein Grund mehr, die Eigenständigkeit des Objektes zu betonen indem er eine zweite Fotoserie anfertigte.
2013 entdeckte er einen Park in Boulogne Billancourt und fotografierte die überraschenderweise dort noch stehenden Körbe. Leider werden auch sie im Zuge der Modernisierung des Parks durch andere ersetzt werden. Mit diesen wahrscheinlich letzten Fotografien zum Thema „Corbeilles de Paris" führt Baschang noch einmal deutlich vor Augen, dass das Modell Tulipe vor allem schön ist, wenn es leer ist. Beide Serien der Corbeilles sind Belohnungen der steten Wachsamkeit des Fotografen. Immer wieder findet er auf den Spaziergängen durch seine zweite Heimatstadt Paris neue Motive. Auch in der Werkserie „Vitrines", die sich zwischen 2003-2013 entwickelte, sind Baschang eher zufällig Schaufenster aufgefallen. Ähnlich den Corbeilles fotografierte er, was in absehbarer Zukunft nicht mehr vorhanden sein würde.

il trouva ce qu'il cherchait au musée Rodin. Le musée lui céda généreusement la propriété des corbeilles. Il les baptisa « Corbeilles Rodin » car leur forme se distingue légèrement de la forme de la corbeille Tulipe. Les tiges de fer se dressent verticalement avant de former un entonnoir au niveau de l'ouverture. En outre, les pieds ne sont pas enfoncés dans le sol mais rehaussent la corbeille de quelques centimètres. Pour Baschang, une raison de plus de souligner la

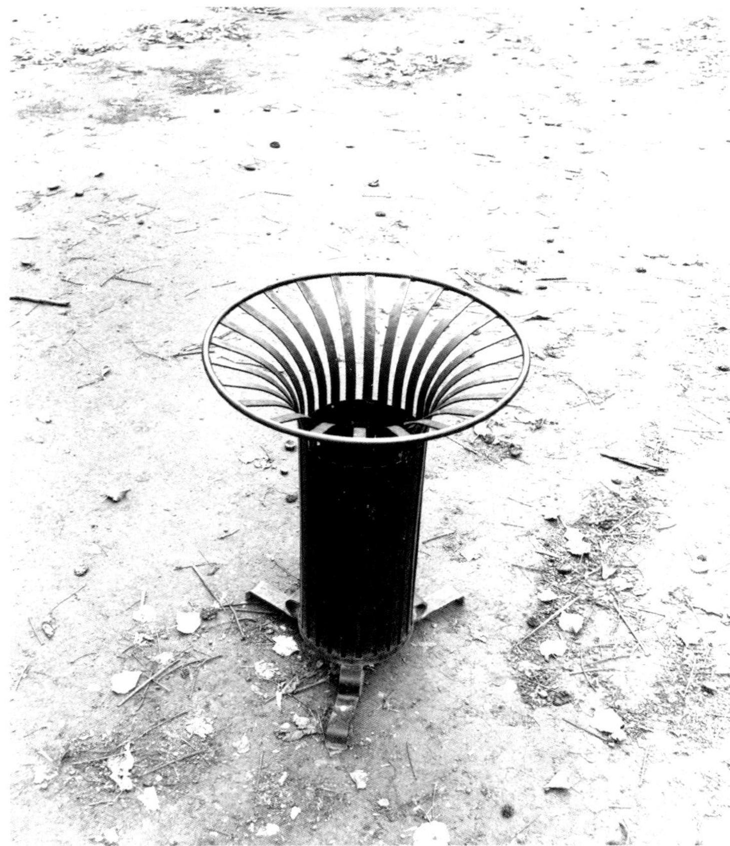

spécificité de l'objet en faisant une deuxième série de photos.
En 2013, il découvrit un parc à Boulogne Billancourt et y photographia les corbeilles qui, de manière surprenante, s'y trouvaient encore. Malheureusement, elles aussi seront remplacées par d'autres dans le cadre de la modernisation du parc. Par ces photographies sur le thème des « Corbeilles de Paris », qui sont probablement les dernières, Baschang montre clairement une fois de plus que le modèle Tulipe est beau surtout quand il est vide.
Les deux séries de Corbeilles récompensent la constante vigilance du photographe. Il découvre sans

Er dokumentiert mit seinen Fotografien Vergänglichkeit. Dabei ist er kein Knipser, der alles im Vorbeilaufen festhält. Im Gegenteil. Durch die Präzision des Erfassens mit einer analogen Großbild- oder Mittelformatkamera huldigt er der zeitlosen Schönheit seiner Motive. Das ist es, was ihn interessiert, was ihn antreibt. Nicht um Sentimentalität geht es, sondern um Dokumentation.
„Die Photographie ruft nicht die Vergangenheit ins Gedächtnis zurück (nichts Proustisches ist in einem Photo). Die Wirkung, die sie auf mich ausübt, besteht nicht in der Wiederherstellung des (durch Zeit, Entfernung) Aufgehobenen, sondern in der Beglaubigung, daß das, was ich sehe, tatsächlich dagewesen ist.“[26]

Es wurde hier bewusst nicht vorgetragen, wie der Künstler Sichtachsen aufbaut, auf die Körbe fokussiert, eigene Blickwinkel und neue Räume eröffnet, an welche Vorbilder er sich vielleicht anlehnt und so weiter. Manchmal verstellt so etwas den Blick. Stattdessen steht hier die schlichte Aufforderung, hinzusehen und neugierig zu sein, so, als wäre man Flaneur in Paris.

Am Ende eröffnet sich die ganze oben beschriebene Geschichte. Eine Geschichte der Stadtgestaltung, der Industrialisierung, der Politik und der Anschläge. Eine Geschichte, die sich anhand dieses zunächst so unscheinbaren Details einer Gesamtarchitektur erfassen lässt und die durch das aufmerksame Auge des Fotografen sichtbar gemacht wurde.

Claudia Jansen

cesse de nouveaux motifs lors de ses promenades à travers Paris, sa ville d‘adoption. Il en va de même pour sa série de travaux « Vitrines » qu‘il a développée entre 2003 et 2013, Baschang ayant remarqué ces devantures plutôt par hasard. Comme pour les corbeilles, il a photographié ce qui ne sera sans doute plus là dans un futur proche.
Il illustre avec ses photographies le caractère éphémère. Mais il ne se contente pas d‘appuyer sur le déclencheur pour tout saisir en passant. Au contraire. Par la précision de son travail réalisé avec un appareil-photo analogique grand format et moyen format, il rend hommage à la beauté intemporelle de ses motifs. C‘est cela qui l‘intéresse, qui le motive. Il ne s‘agit pas ici de sentimentalité mais de documentation.
« La Photographie ne remémore pas le passé (rien de proustien dans une photo). L‘effet qu‘elle produit sur moi n‘est pas de restituer ce qui est aboli (par le temps, par la distance), mais d‘attester que cela que je vois, a bien été. »[26]

On a sciemment renoncé ici à exposer comment l‘artiste construit ses perspectives, règle l‘objectif sur les corbeilles, présente ses propres points de vue et de nouveaux espaces, de quels modèles il s‘inspire peut-être, etc. Quelquefois, cela déforme le regard. En revanche, il s’agit ici d’une simple invitation à regarder et à être curieux, comme si on flânait à Paris.

Au bout du compte, c‘est l‘histoire décrite tout au début que l‘on découvre alors. Une histoire de l‘aménagement urbain, de l‘industrialisation, de la politique et des attentats. Une histoire que l‘on peut saisir par des détails a priori insignifiants d‘une architecture globale, qui ont été rendus visibles par l‘œil attentif du photographe.

Claudia Jansen

1 Vgl.: Adolphe Alphand: Les Promenades de Paris : histoire, description des embellissements, dépenses de création et d'entretien des Bois de Boulogne et de Vincennes, Champs-Elysées, parcs, squares, boulevards, places plantées: étude sur l'art des jardins et arboretum, 1867-1873, 2 Bd. sowie Archives de Paris, VI.20.1, 2380 W3, 2380 W61, VM 90 446 (Versement 2380W, Direction des parcs, jardins et espaces verts 1784-1981)

2 Vgl.: Marie de Thézy: Marville, Paris, Editions Hazan, 1994, S. 26. Es erschien eine Doktorarbeit zu den Urinoirs: Claude Maillard: Les Vespasiennes de Paris ou les précieux édicules... Paris, La Jeune Parque, 1967)

3 Vgl.: Marie de Thézy: Paris, la Rue. Le mobilier urbain parisien du second Empire à nos jours à travers les collections photographiques de la Bibliothèque historique de la Ville de Paris, 1976, S.11

4 Vgl.: Marie de Thézy: Grandeur du mobilier urbain parisien au temps du second empire. In: Le mobilier urbain à Paris. Cahiers du CREPIF N° 56, Sept. 1996, S. 21-29, S. 26f

5 Vgl.: ebd., S. 24

6 Vgl.: ebd., S. 21

7 Vgl.: Marie de Thézy: Paris, la Rue, 1976, S. 19

8 Vgl.: Simon Texier [Hg.]: Voies Publiques. Histoires & Pratiques de l' Espace Public à Paris, Paris 2006, Chronologie de Denyse Rodriguez-Thomé, o.S. sowie: Philippe Simon (Hg.): Les premières fois qui ont inventé Paris, Pavillon de l' Arsenal, 1999

9 Vgl.: Mairie de Paris. Direction des Parcs, Jardins et Espaces Verts (Hg.): Inventaire des corbeilles de propreté, Paris 1997, o. S. Von etwa 7.900 Mülleimern in 12 verschiedenen Modellen war der Corbeille Tulipe, „le modèle historique", mit 58% der am häufigsten aufgestellte.

10 Vgl.: Florence Michel: Le Mobilier urbain des squares et des jardins. In : Monuments Historiques, N° 143, Februar/März 1986, S. 82-86, S. 83

11 In den Körben befindet sich ein Metallbehälter, der eigentliche Mülleimer, der von Hand ausgeleert werden muss.

12 La Petite Gironde vom 24. September 1923. Zit. nach: Marie de Thézy: Paris, la Rue, 1976, S. 68

13 Vgl.: Florence Michel: Le Mobilier urbain, 1986, S. 83

14 Centre d' action pour la propreté de Paris

15 Vgl.: Simon Texier [Hg.]: Voies Publiques, 2006, Chronologie, o.S.

16 Campagne de la propreté/ Kampagne für die Sauberkeit

17 Vgl.: Archives de Paris, VI.20.1, 2380 W3 („Campagne de la propreté")

18 Vgl.: Michel Carmona: Le Mobilier urbain, Paris 1985, S. 17f und S. 34

19 Vgl.: Rapport de la Direction de la Propreté, 1985, S. 4 sowie Revue TSM, 1987, S. 2

20 „Corbeille de propreté urbaine Citec 45l à sac transparent" war ihre genaue Bezeichnung

21 Vgl.: Agnès Levitte: La perception des objets quotidiens dans l'espace urbain. École des Hautes Études en Sciences Sociales (EHESS), 2010, S. 142 (= Dissertation im Fachbereich Ästhetik). Ab 2006 gab es zwei Ausschreibungen, um die Müllsäcke zu ersetzen, was bis 2010 noch nicht umgesetzt wurde.

22 Vgl.: www.spiegel.de/spiegel/print/d-9223694.html, Stand 17.07.2013

23 Vgl.: www.leparisien.fr/paris-75/paris-75005/30000-poubelles-a-changer-d-ici-un-an-04-03-2013-2614893.php, Stand 17.07.2013

24 Vgl.: Agnès Levitte: La perception, 2010, S. 143

25 Vgl.: ebd., S. 147

26 Roland Barthes: Die helle Kammer. Bemerkungen zur Photographie, Paris 1980, Suhrkamp, 14. Aufl. 2012, S. 92

Claudia Jansen studierte Kunstgeschichte, Neuere und Neueste sowie Osteuropäische Geschichte in Aachen und Düsseldorf. Seit 2006 arbeitet sie als Kunstwissenschaftlerin, Ausstellungsmacherin und Autorin in Düsseldorf, Berlin, München und Paris. 2012 gründete sie mit Stefanie Ippendorf *dieausstellungsmacherinnen.de*

Claudia Jansen a étudié l'histoire de l'art, l'histoire moderne et contemporaine ainsi que l'histoire de l'Europe de l'Est à Aix-la-Chapelle et à Düsseldorf. Depuis 2006, elle travaille comme historienne d'art, organisatrice d'expositions et auteure à Düsseldorf, Berlin, Munich et Paris. En 2012, elle a fondé avec Stefanie Ippendorf dieausstellungsmacherinnen.de

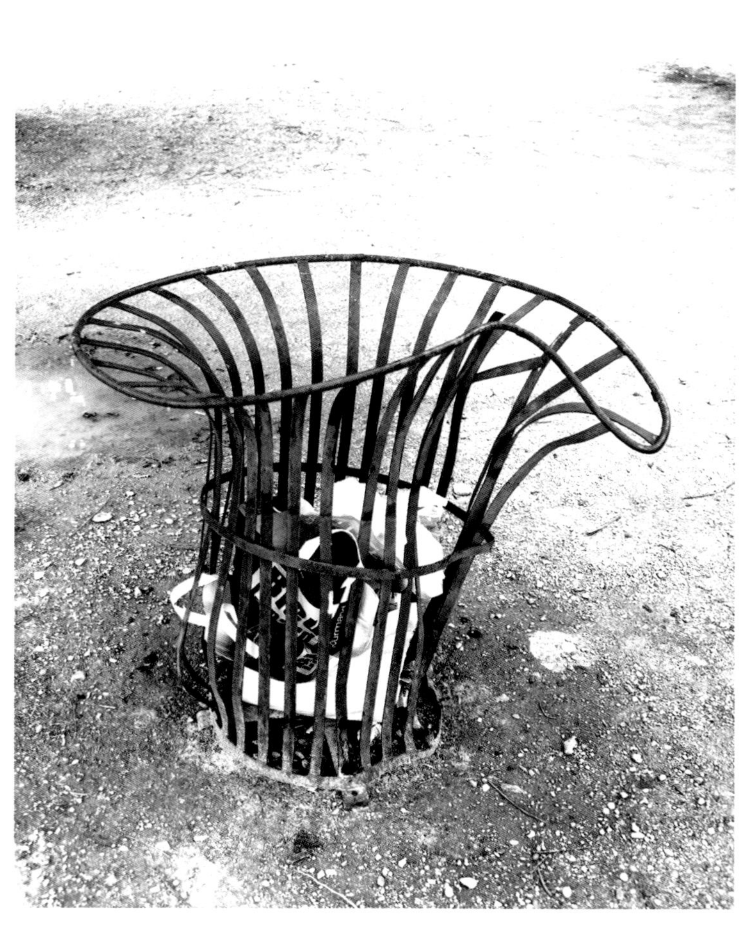

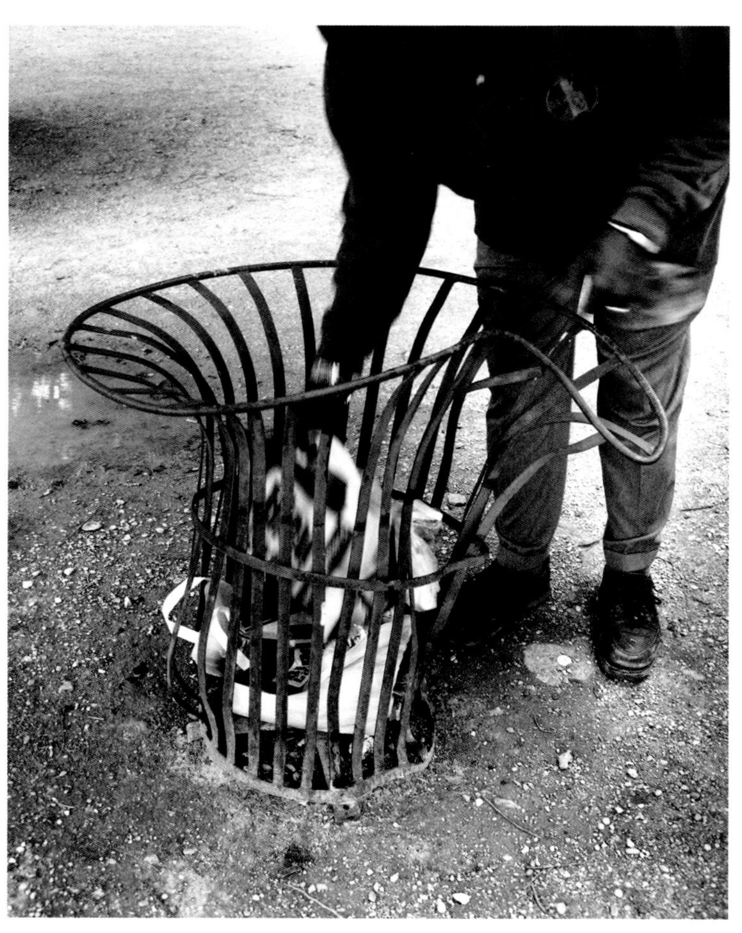

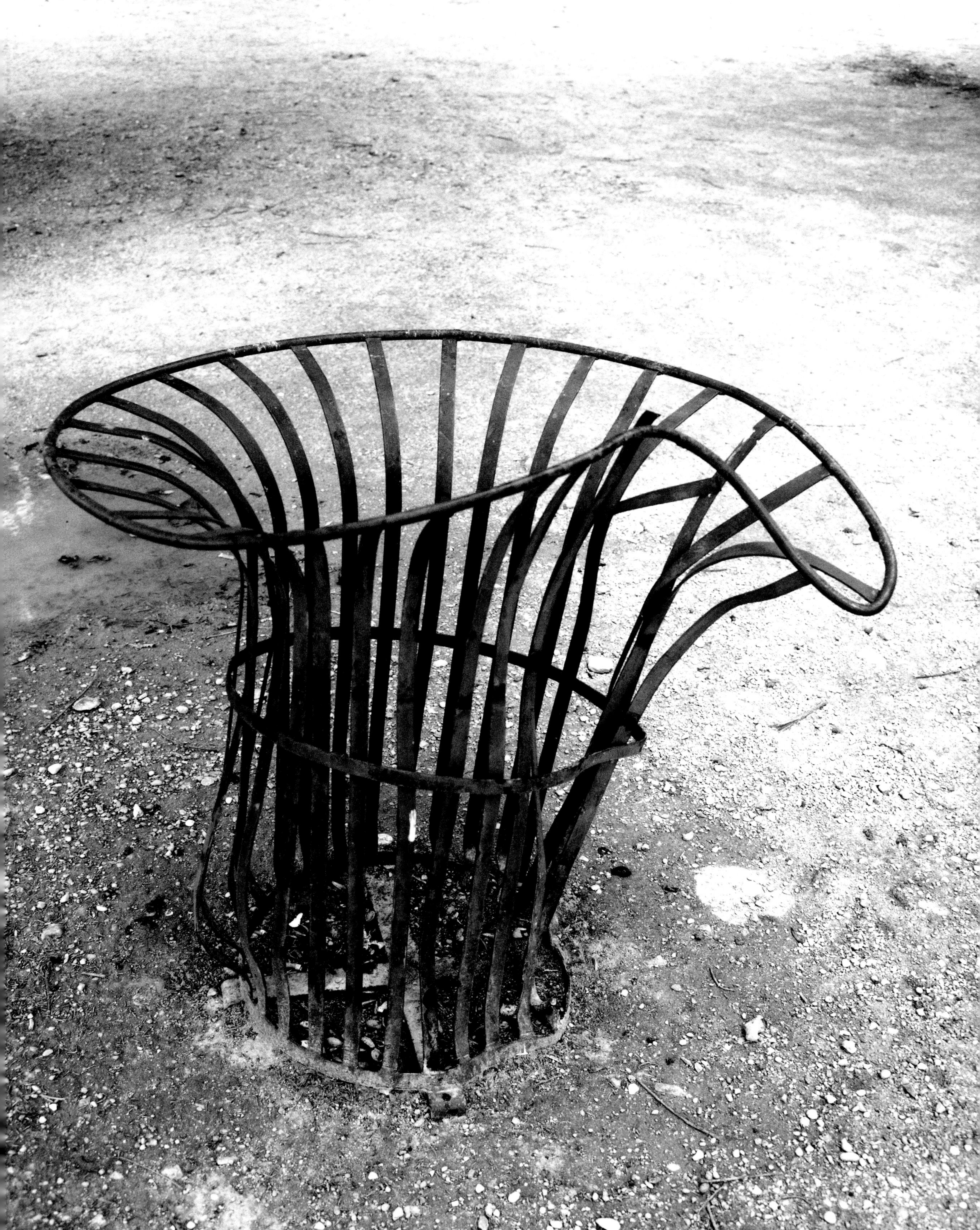

Corbeilles Tulipe

Tuileries

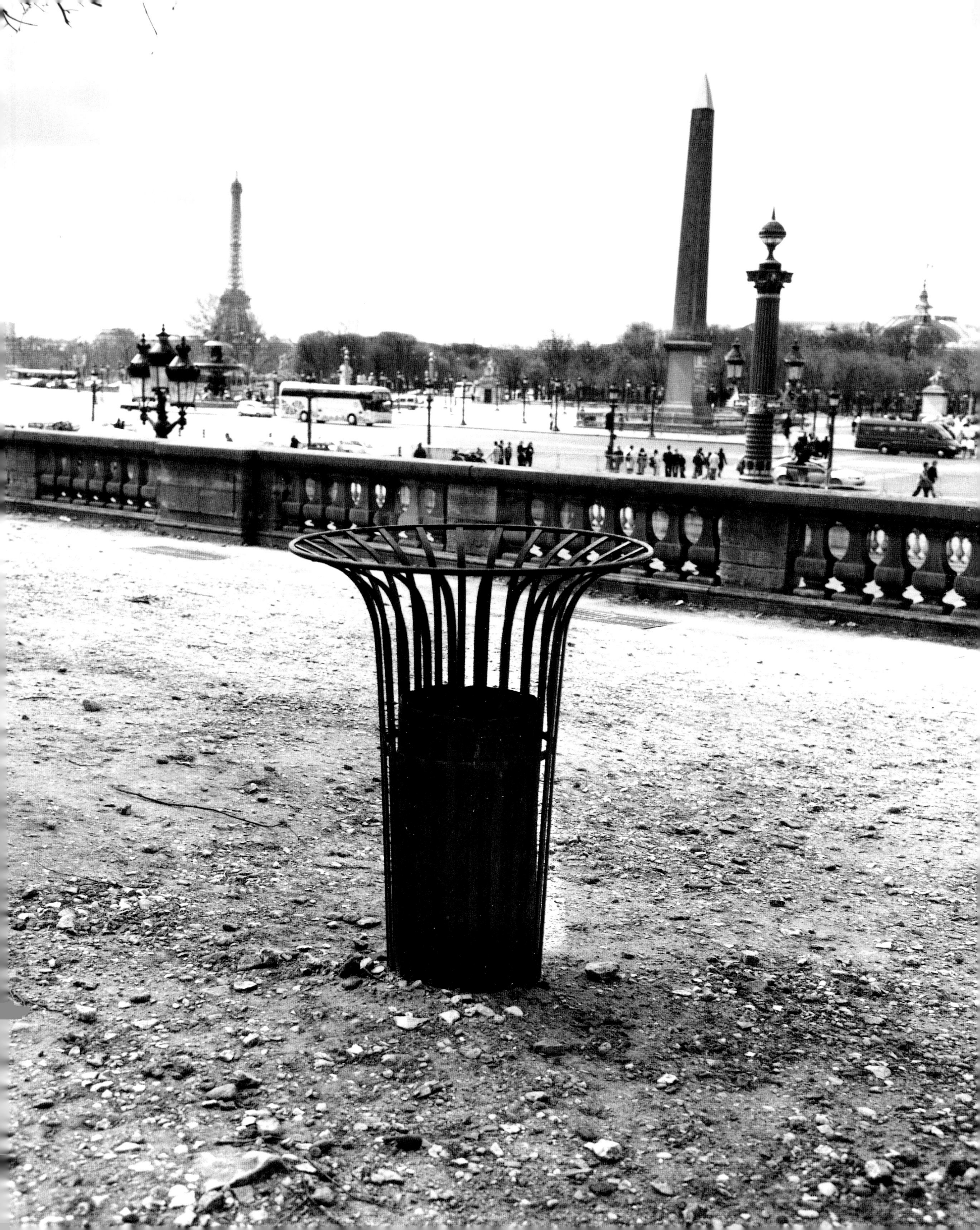

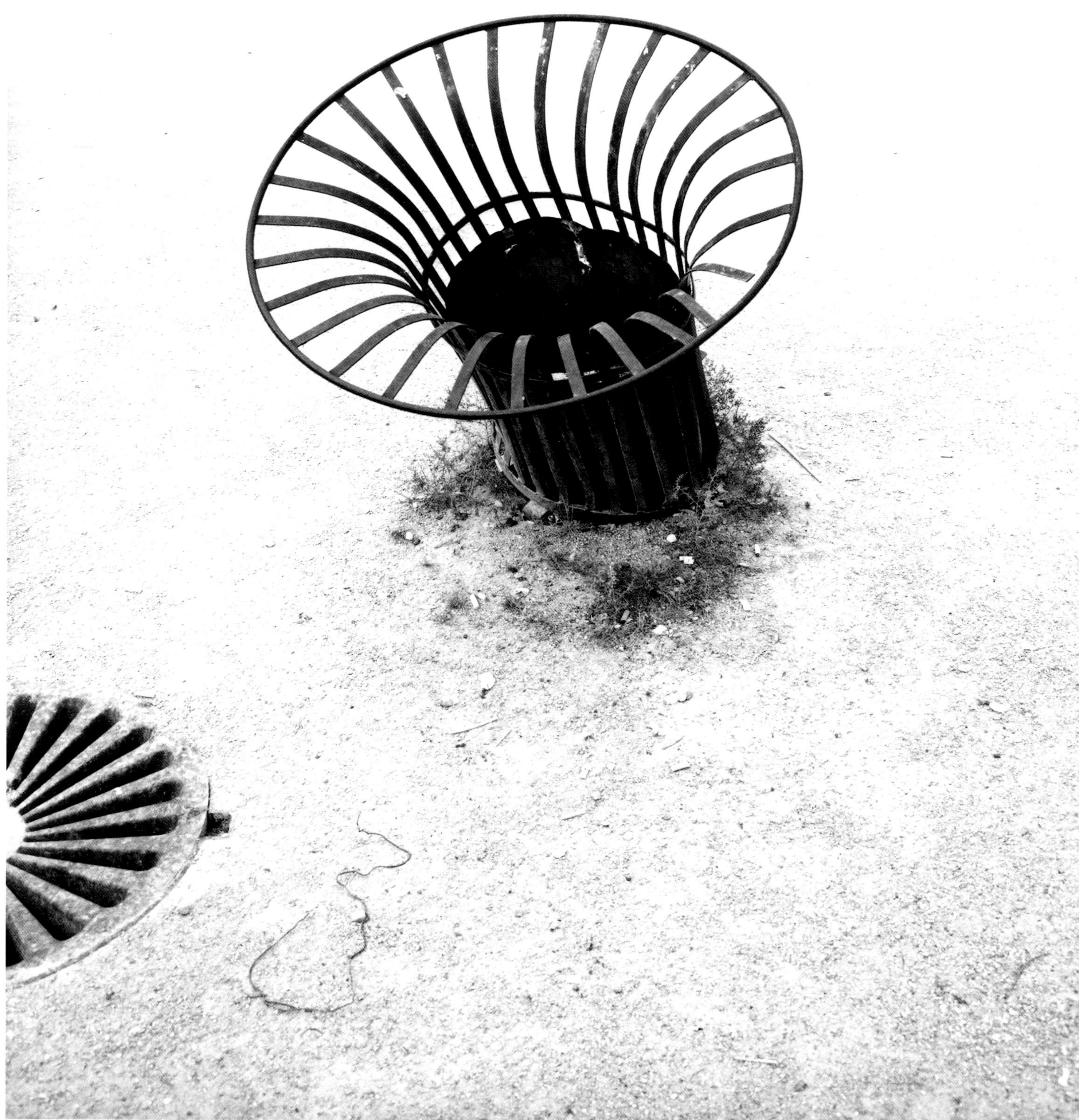

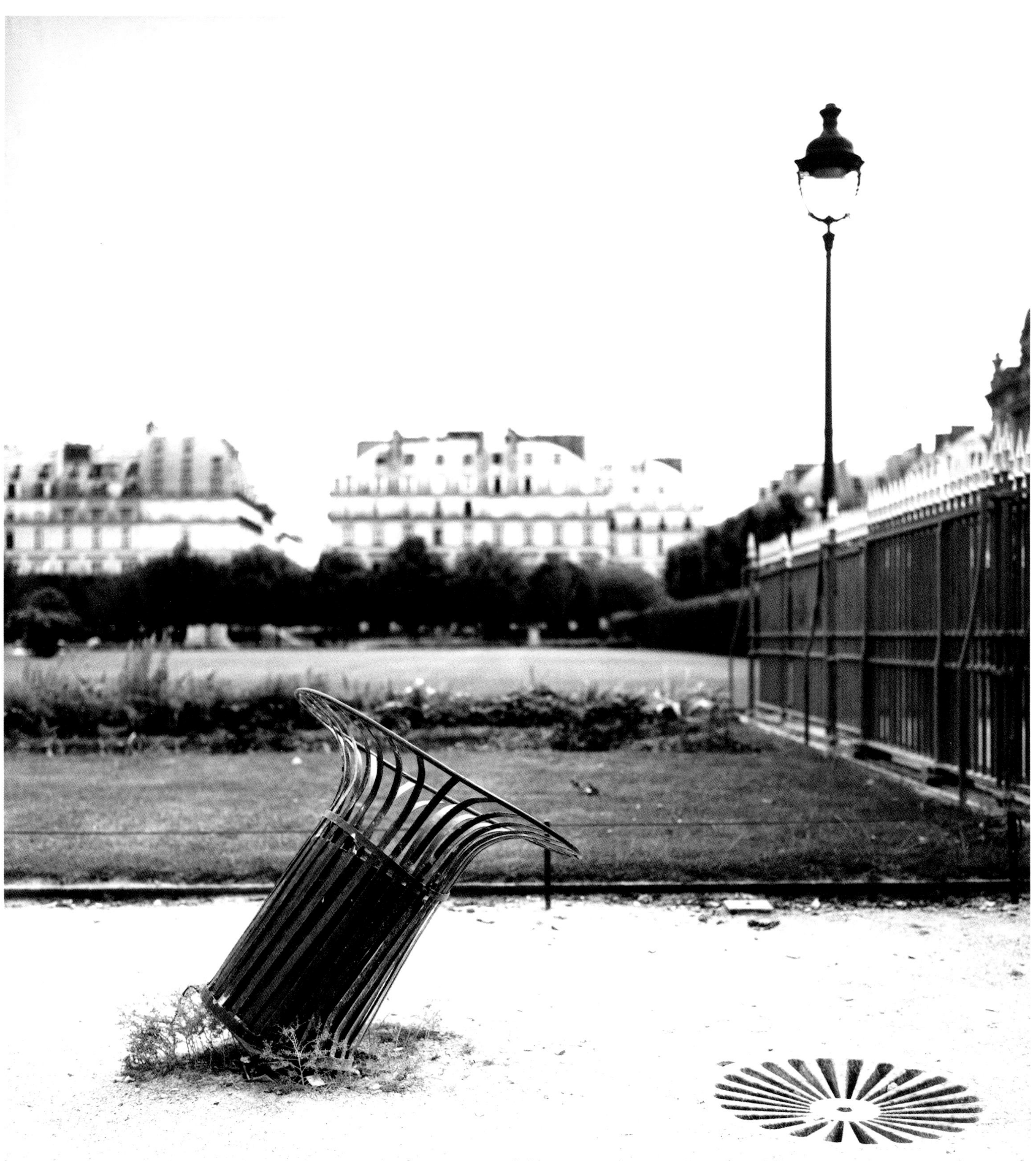

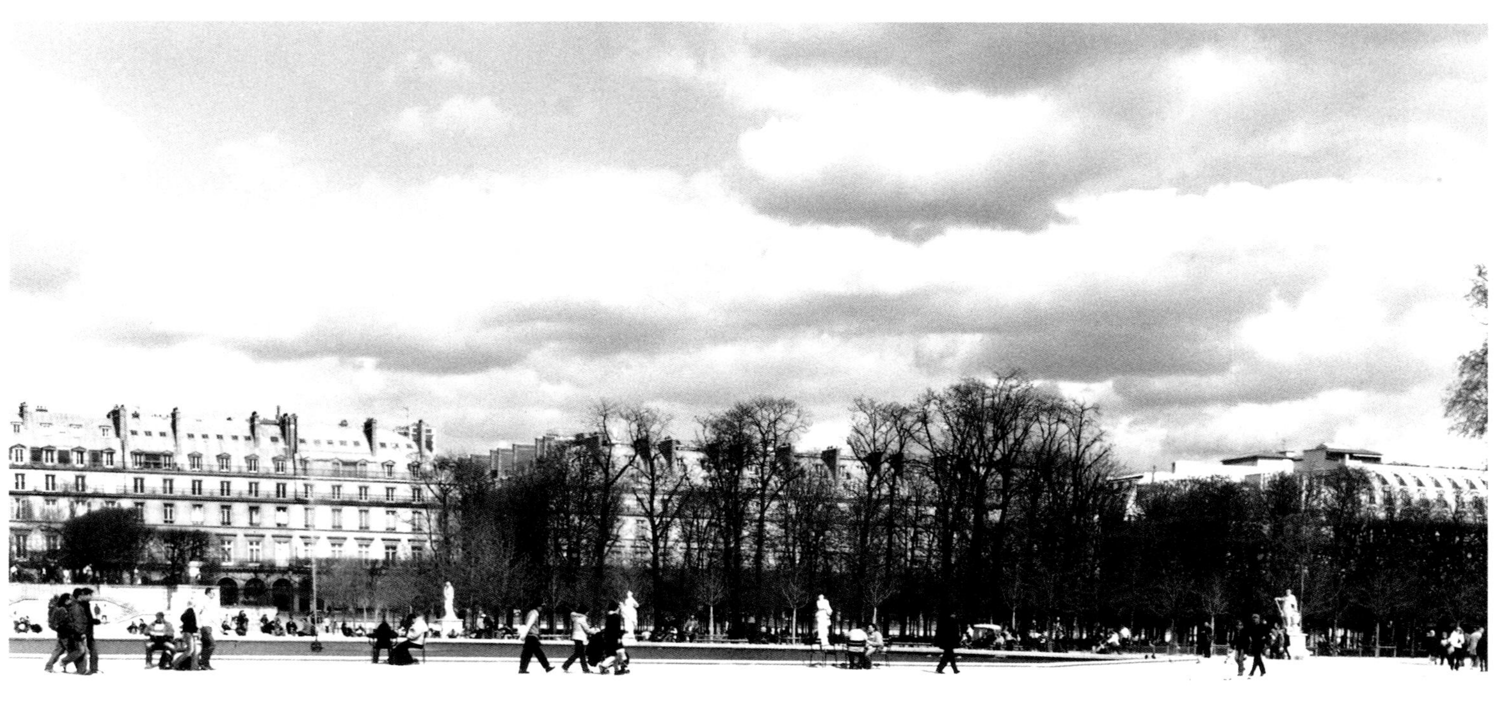

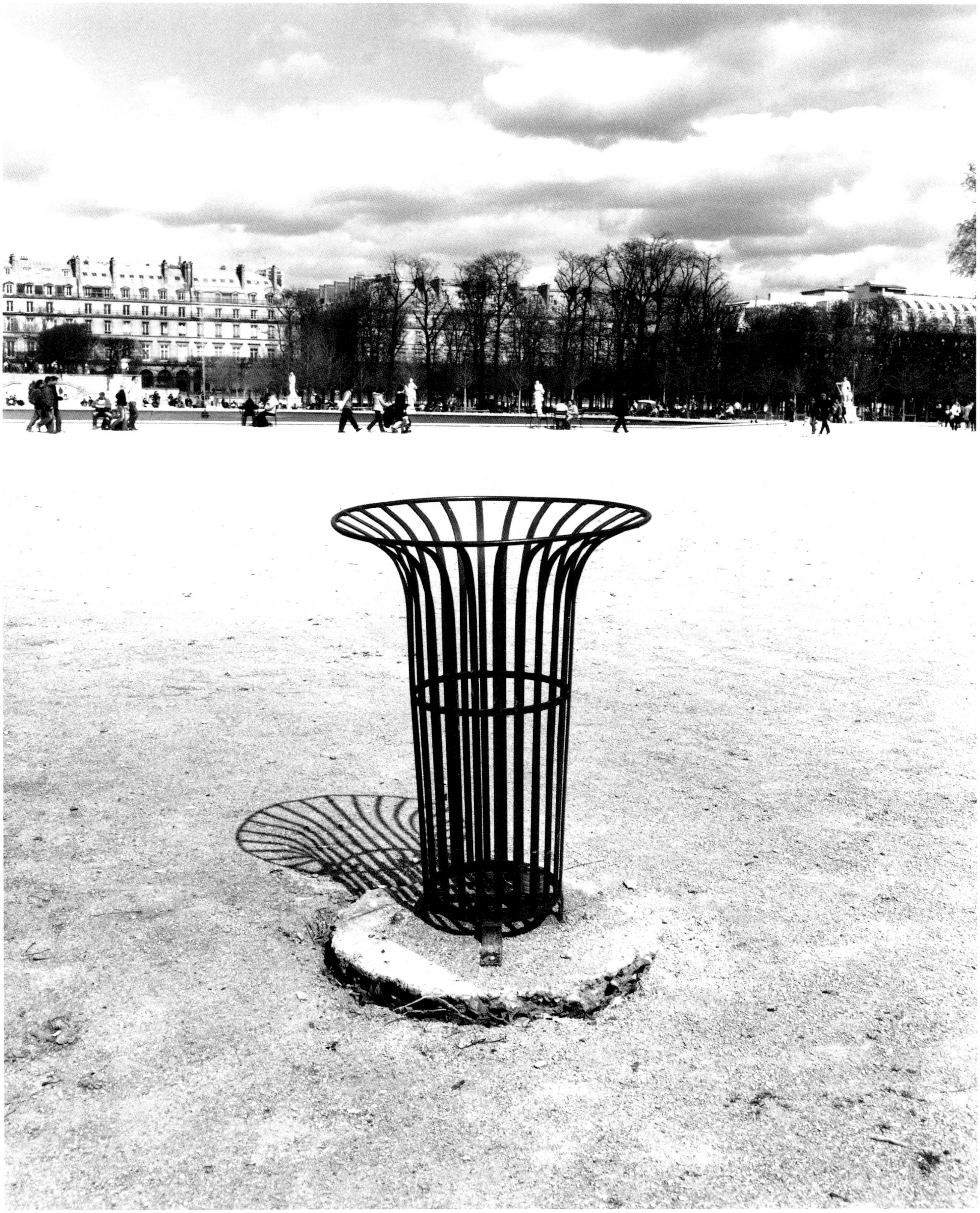

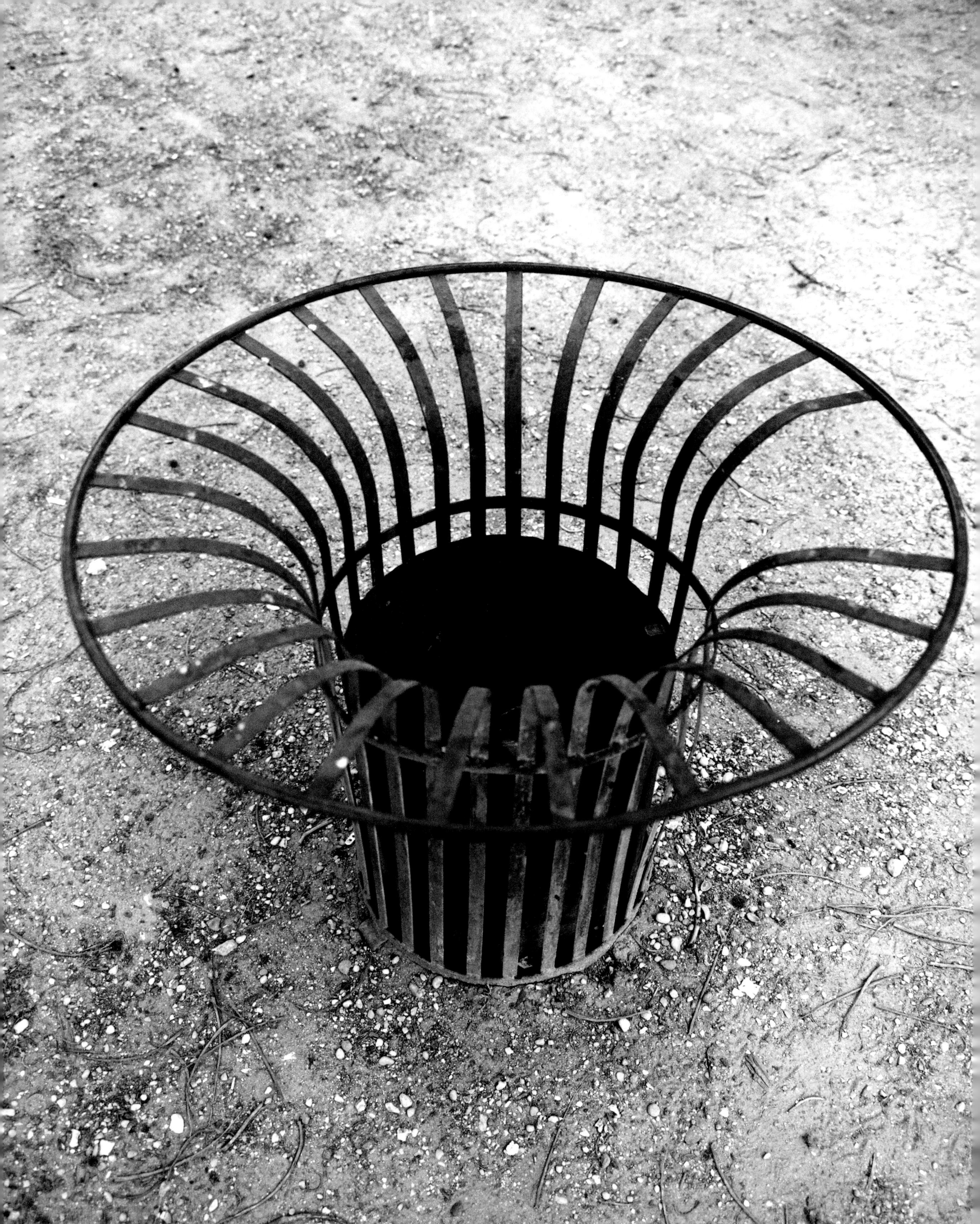

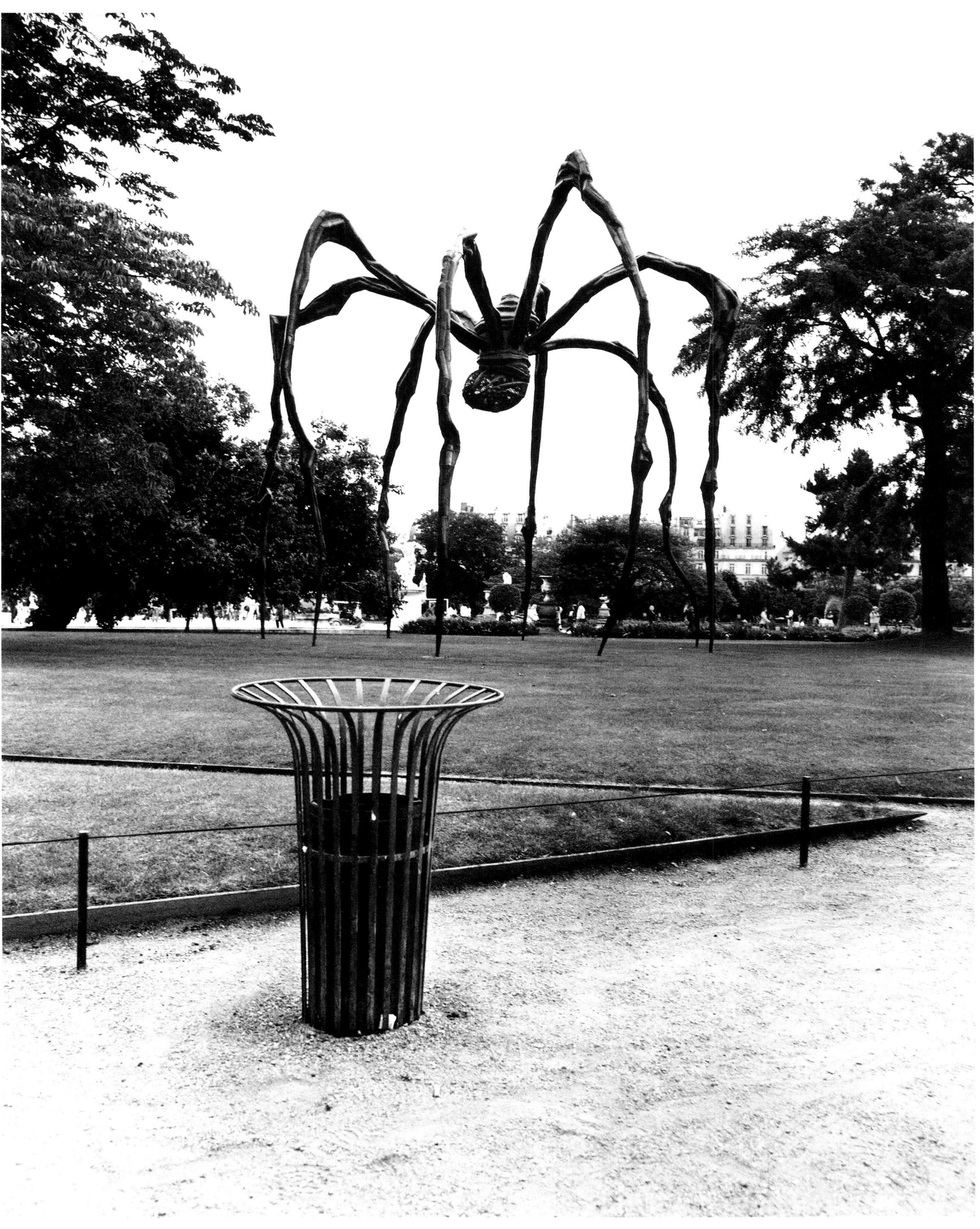

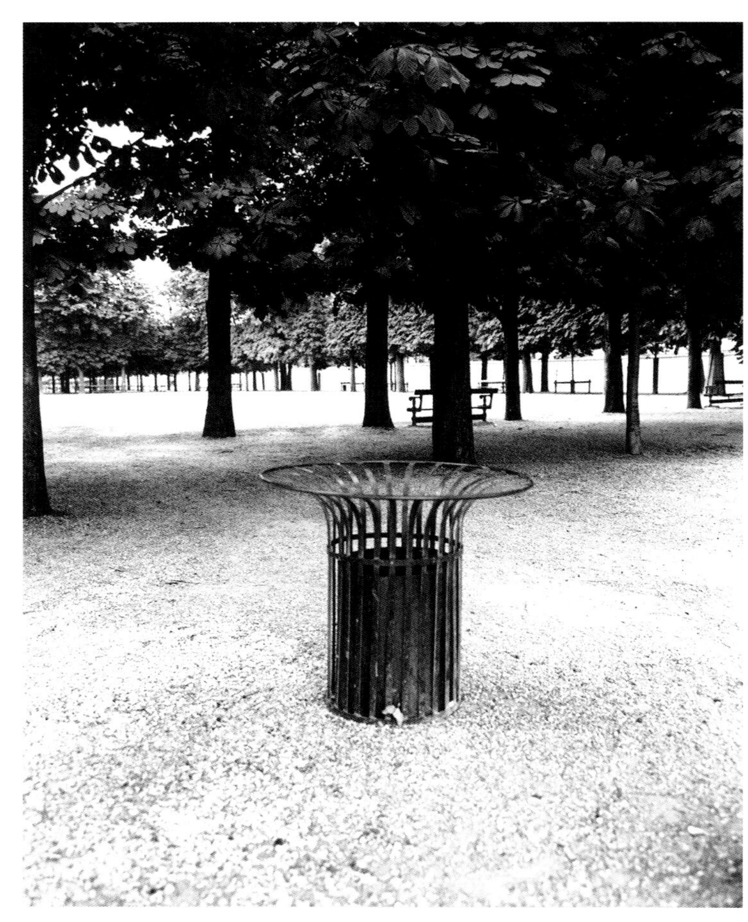

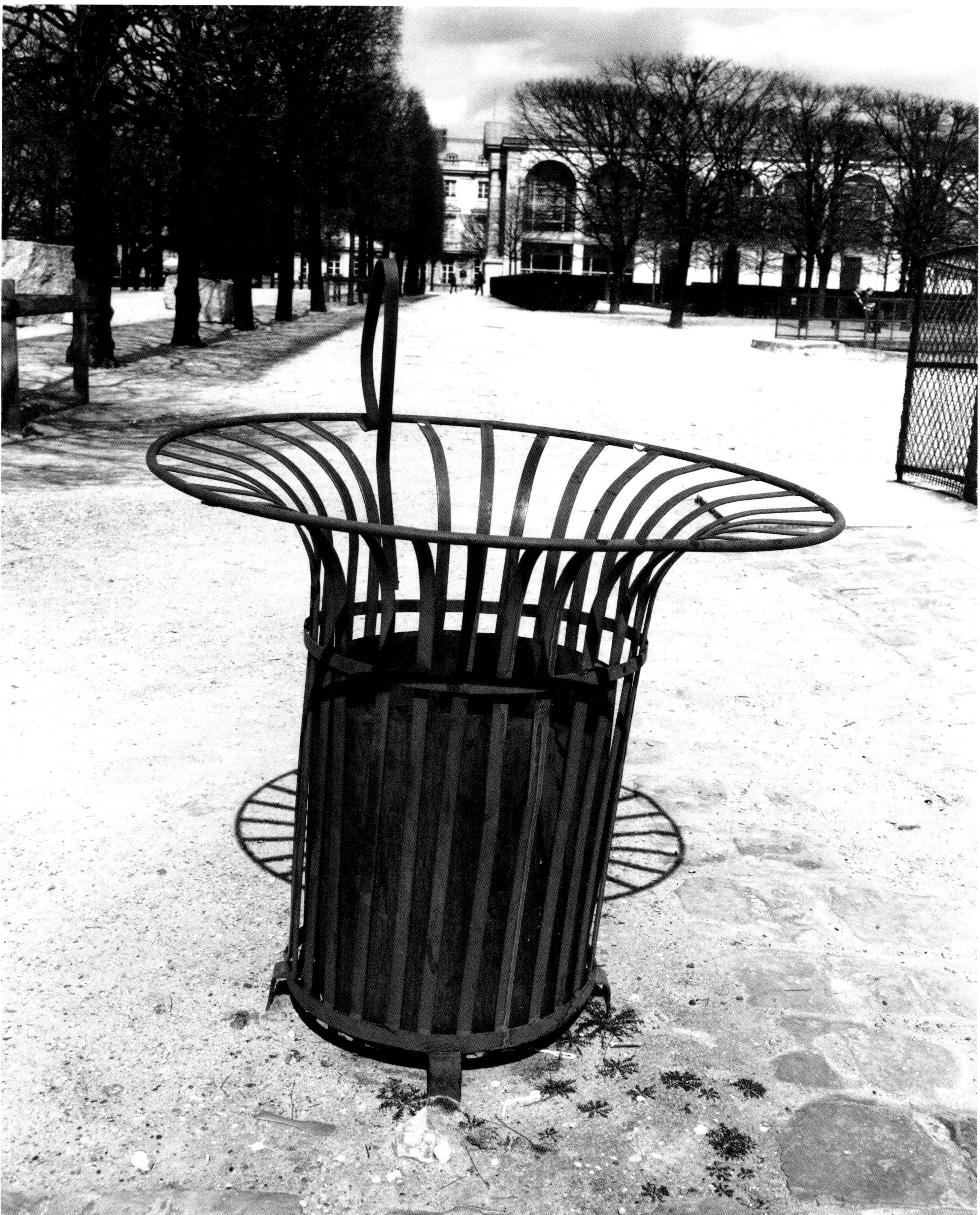

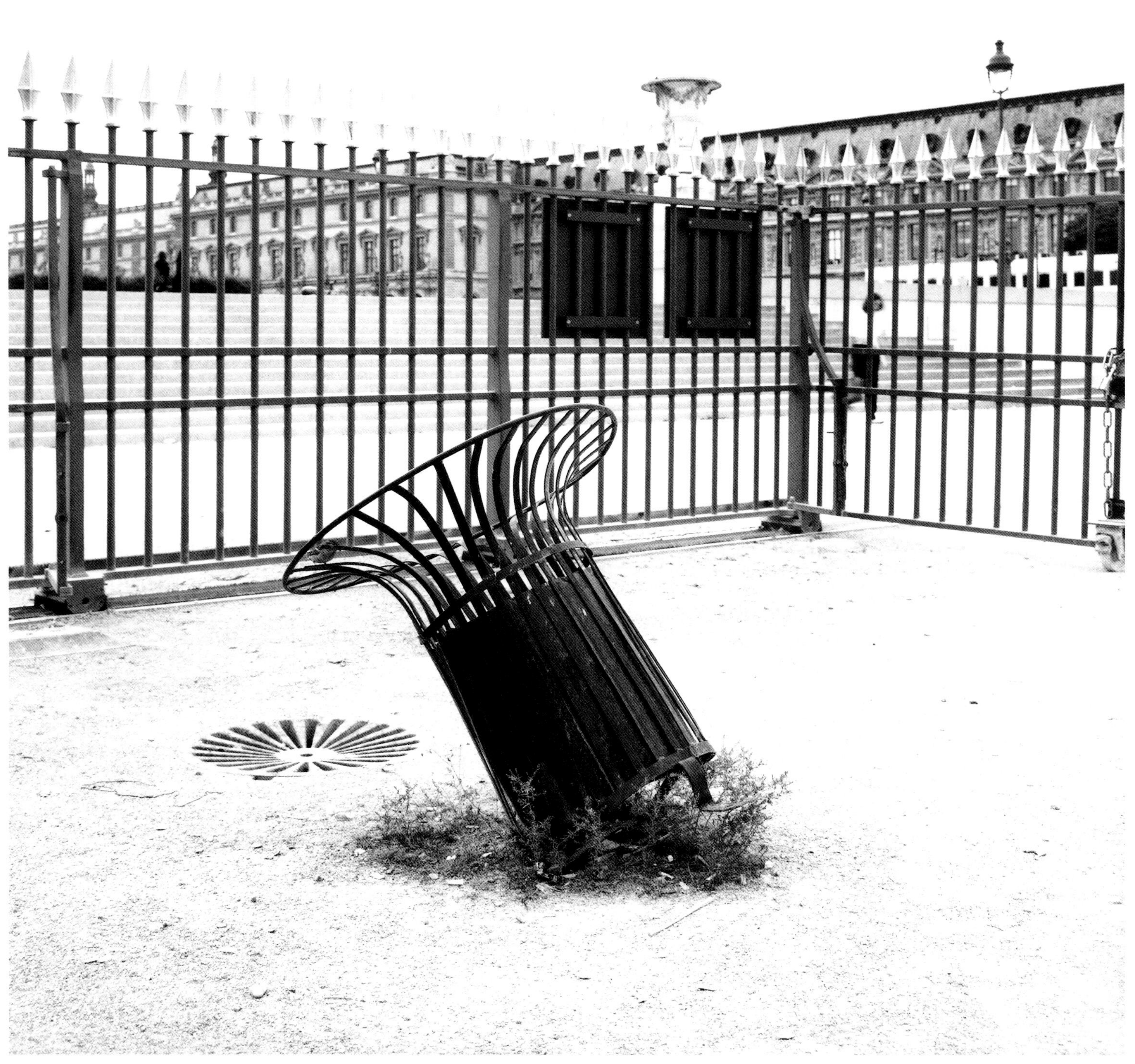

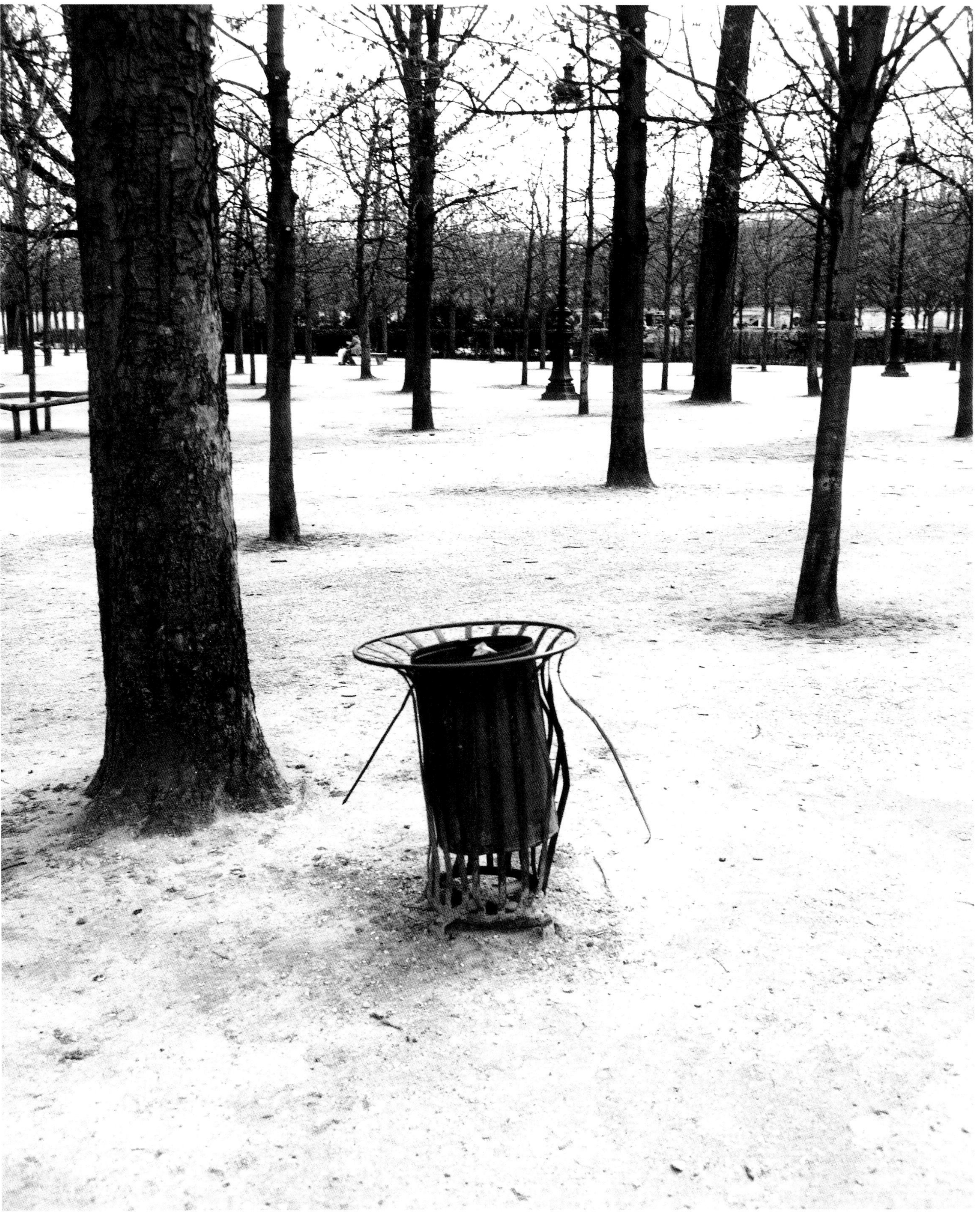

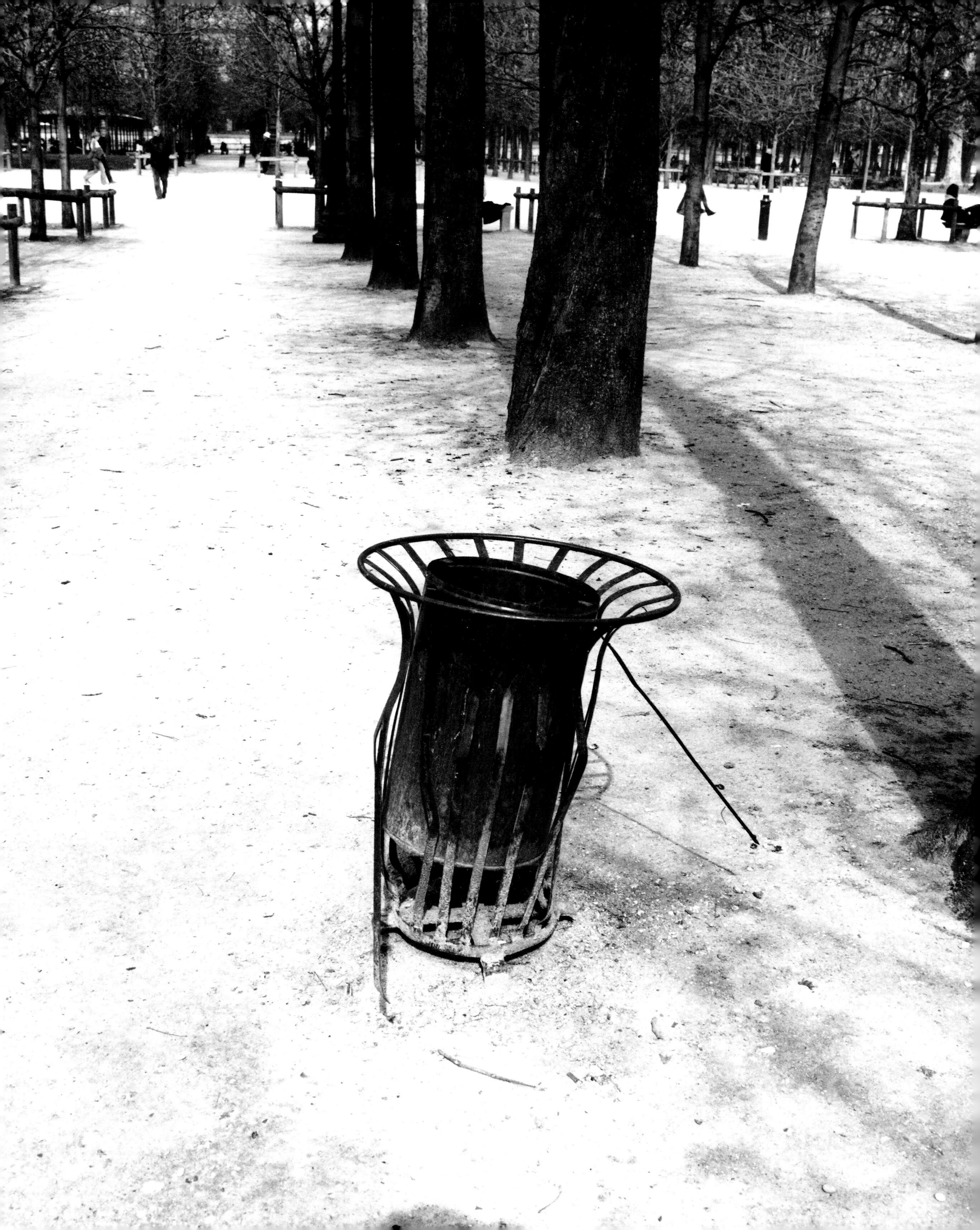

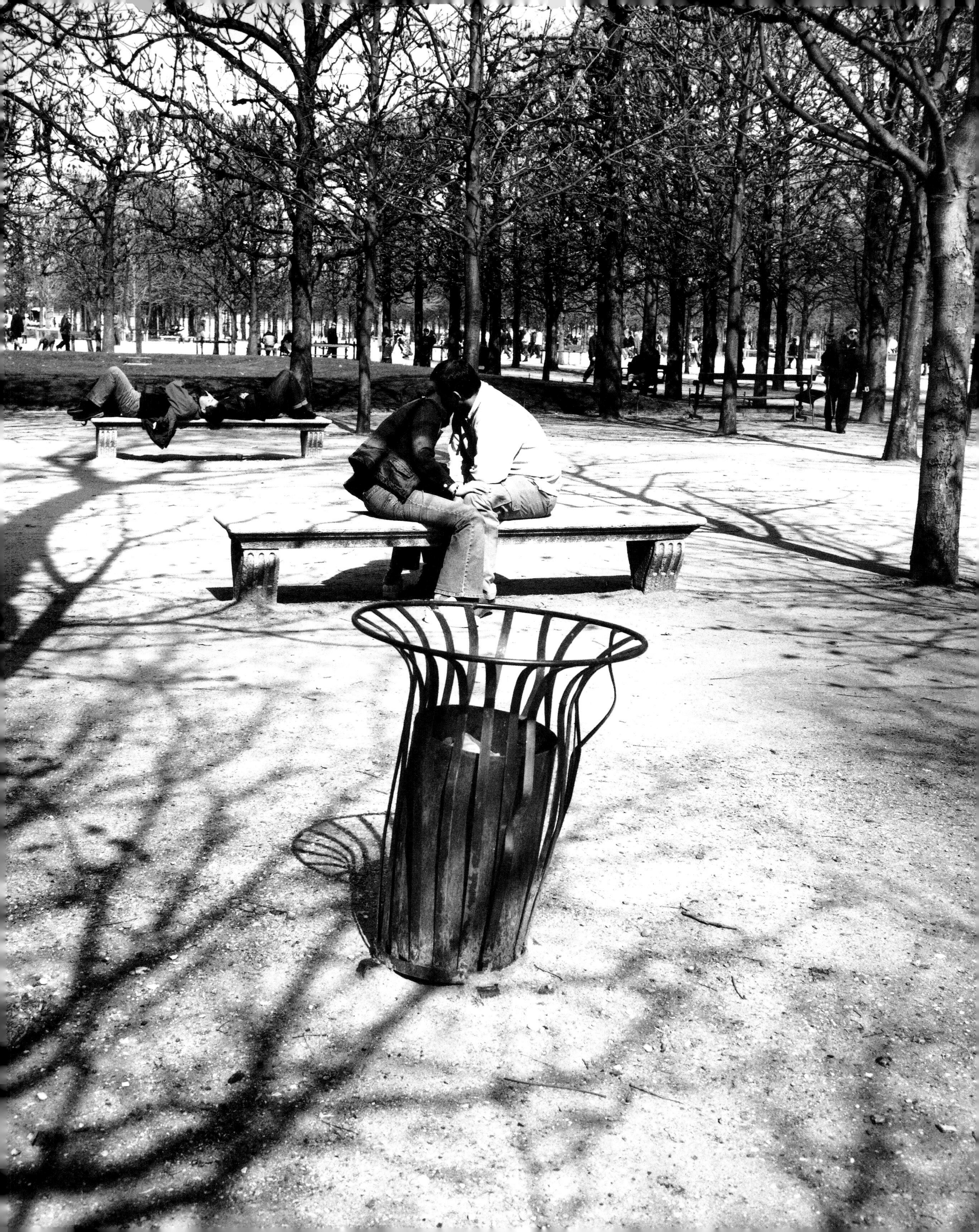

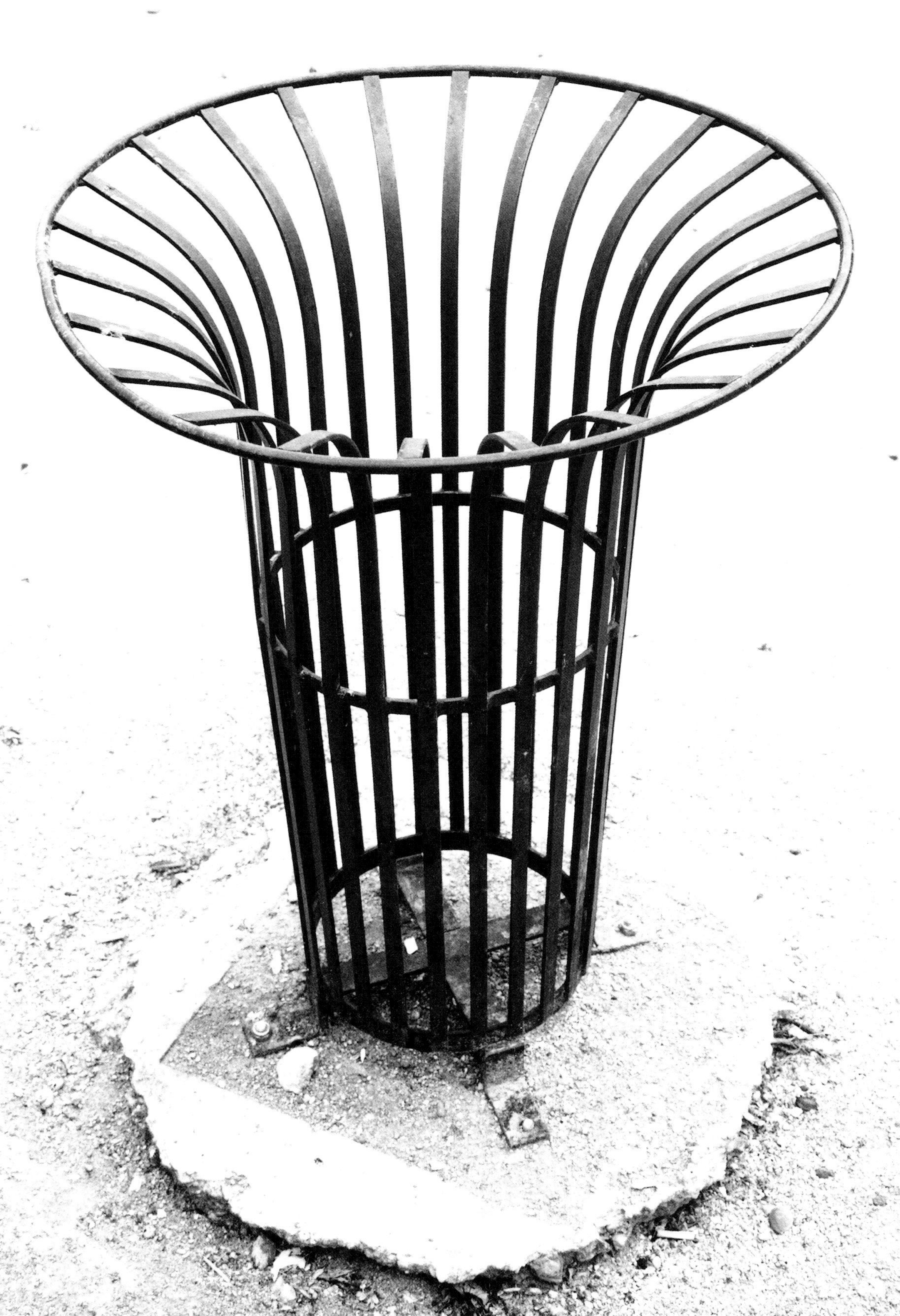

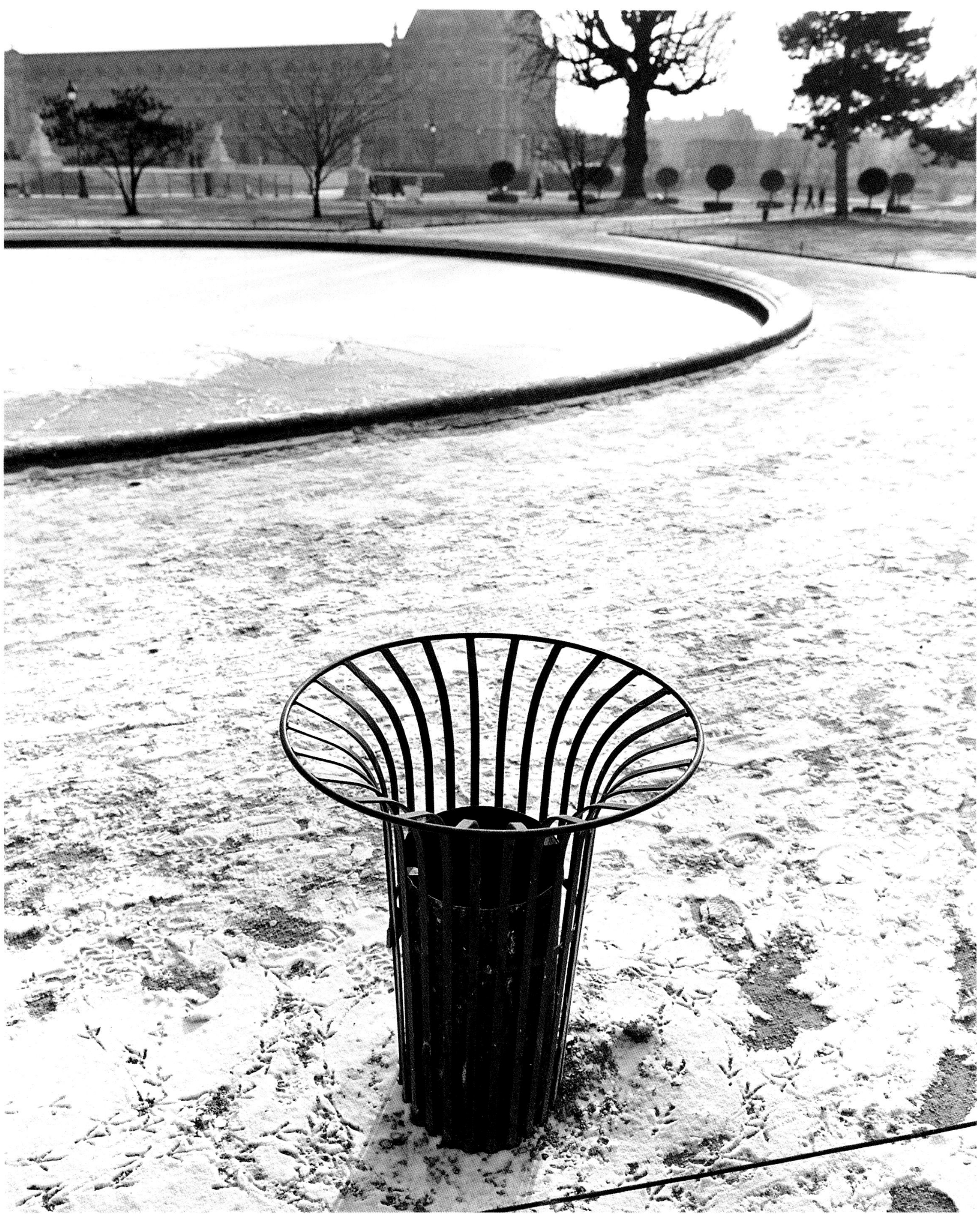

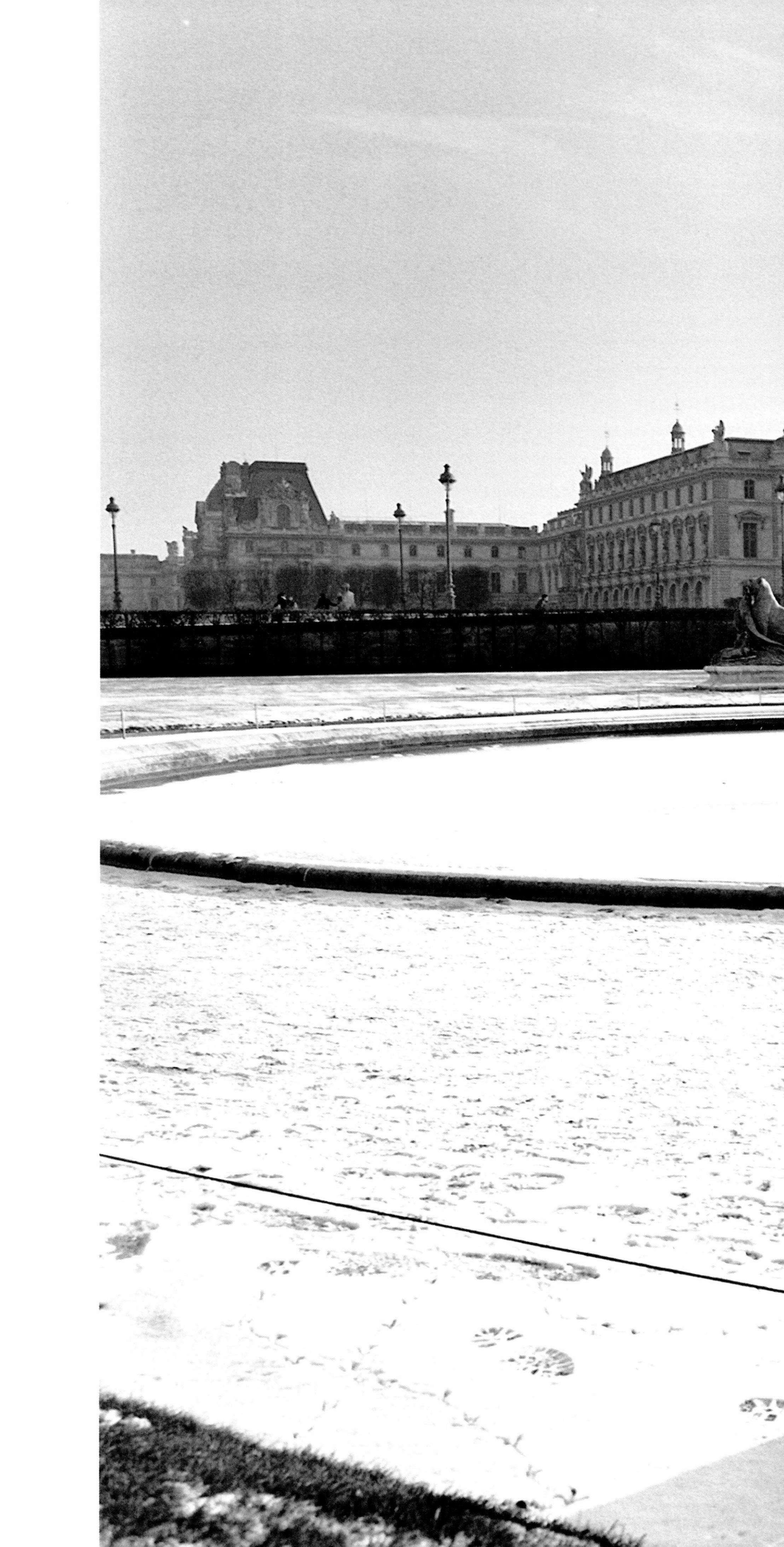

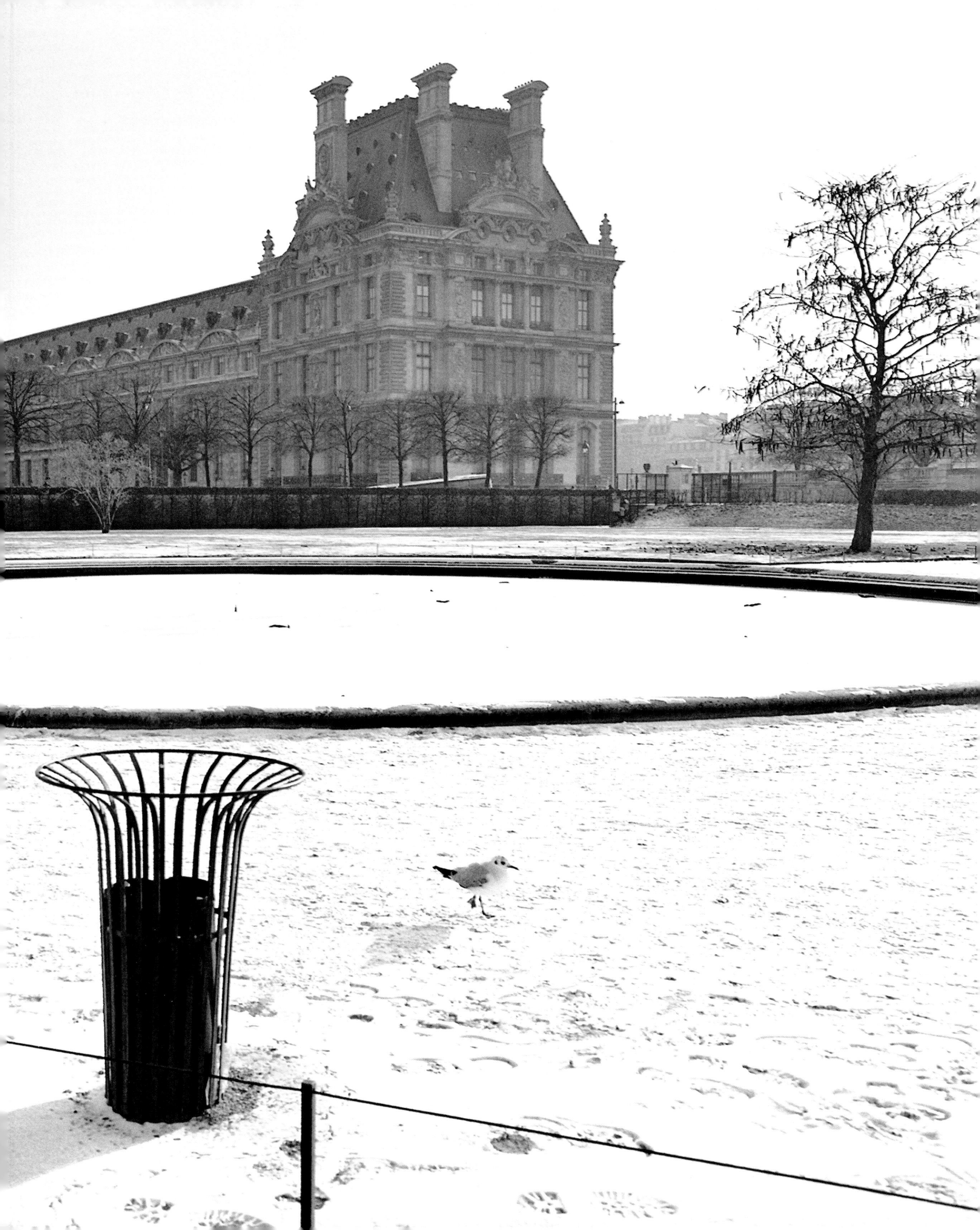

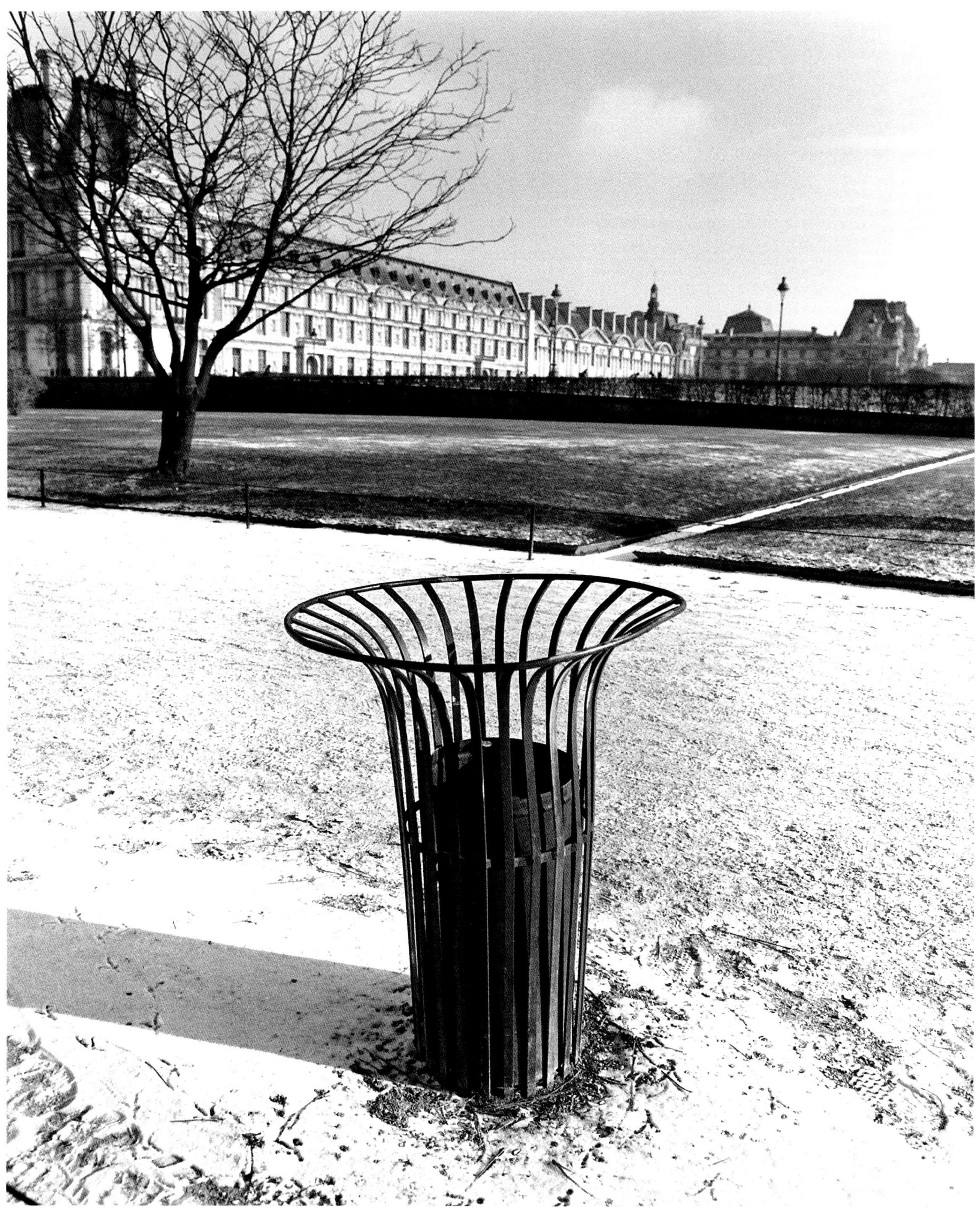

Bois de Vincennes

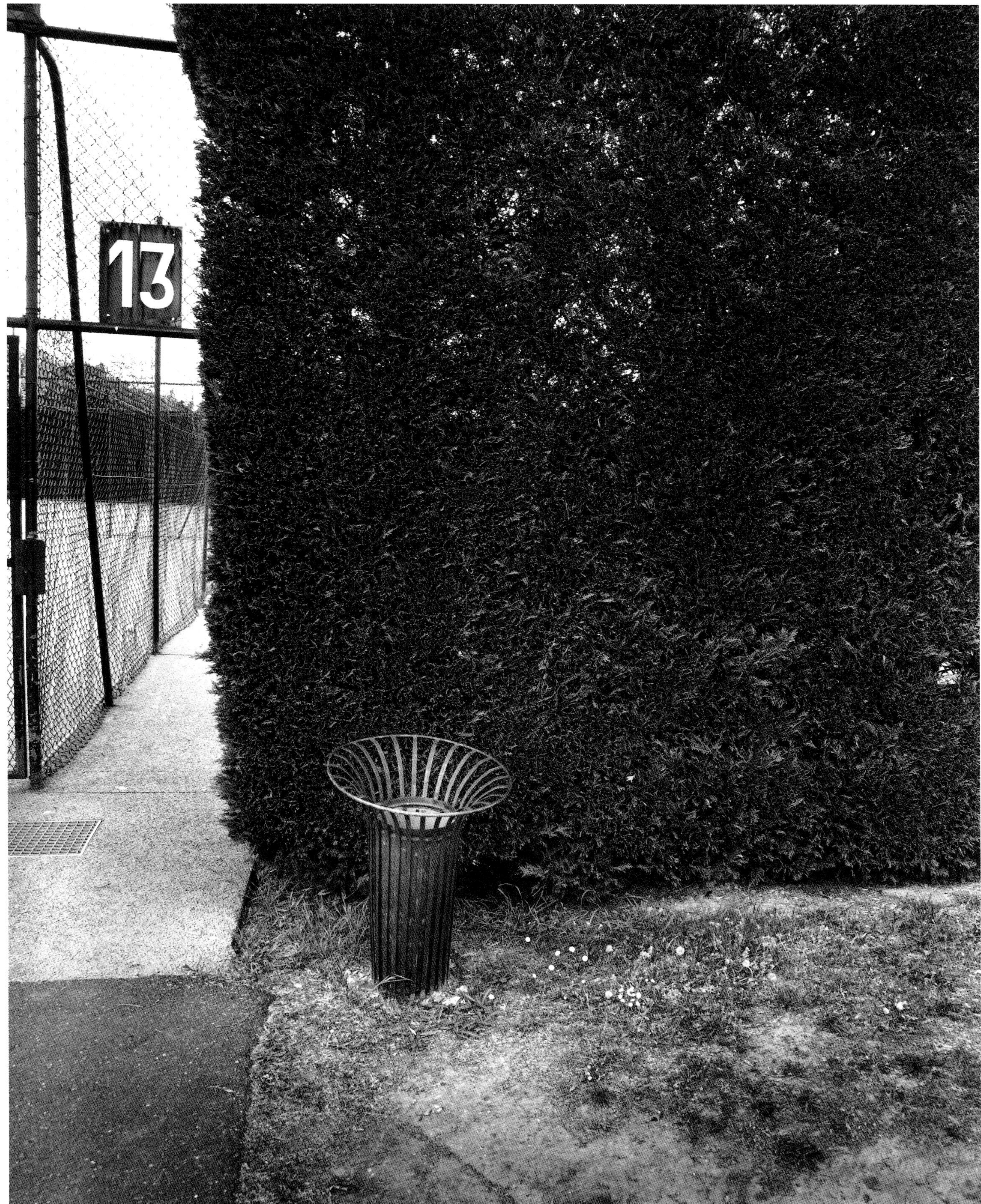
13

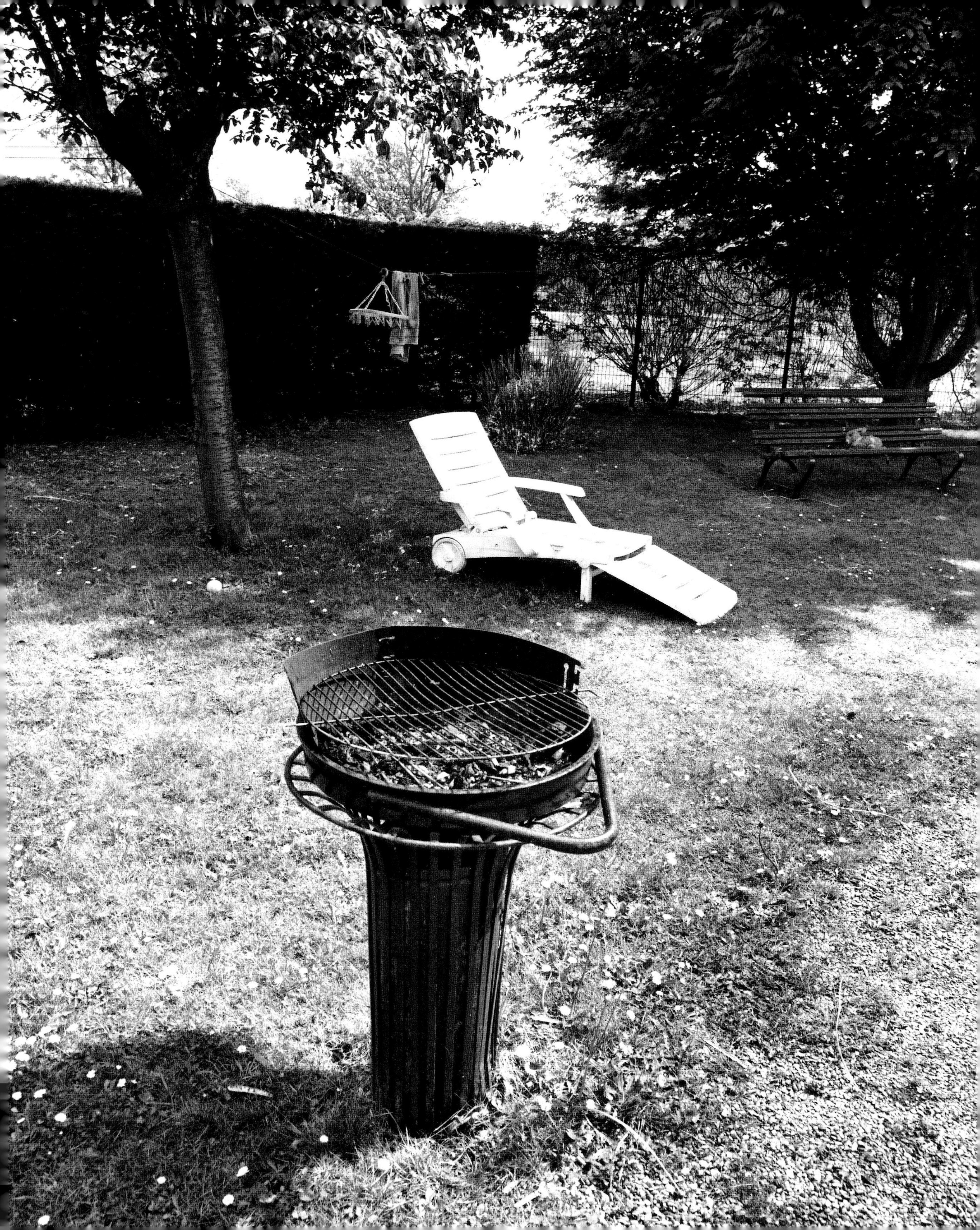

Palais Royal

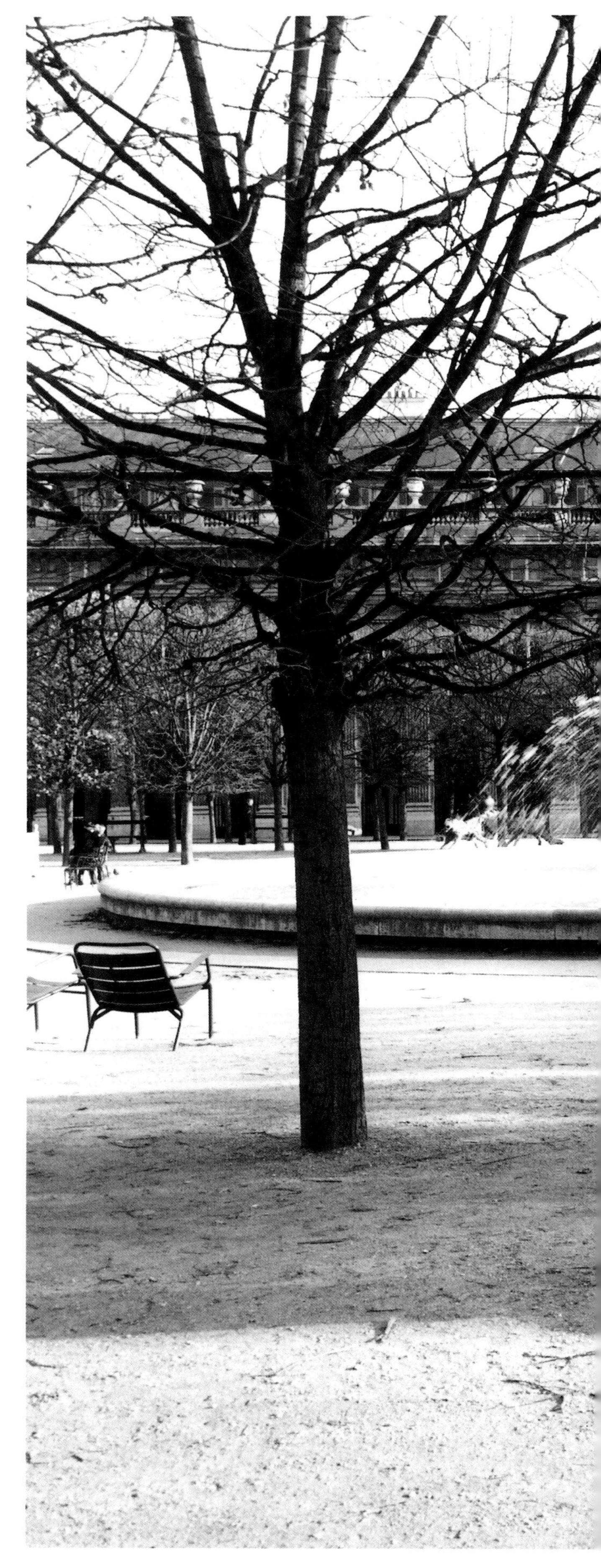

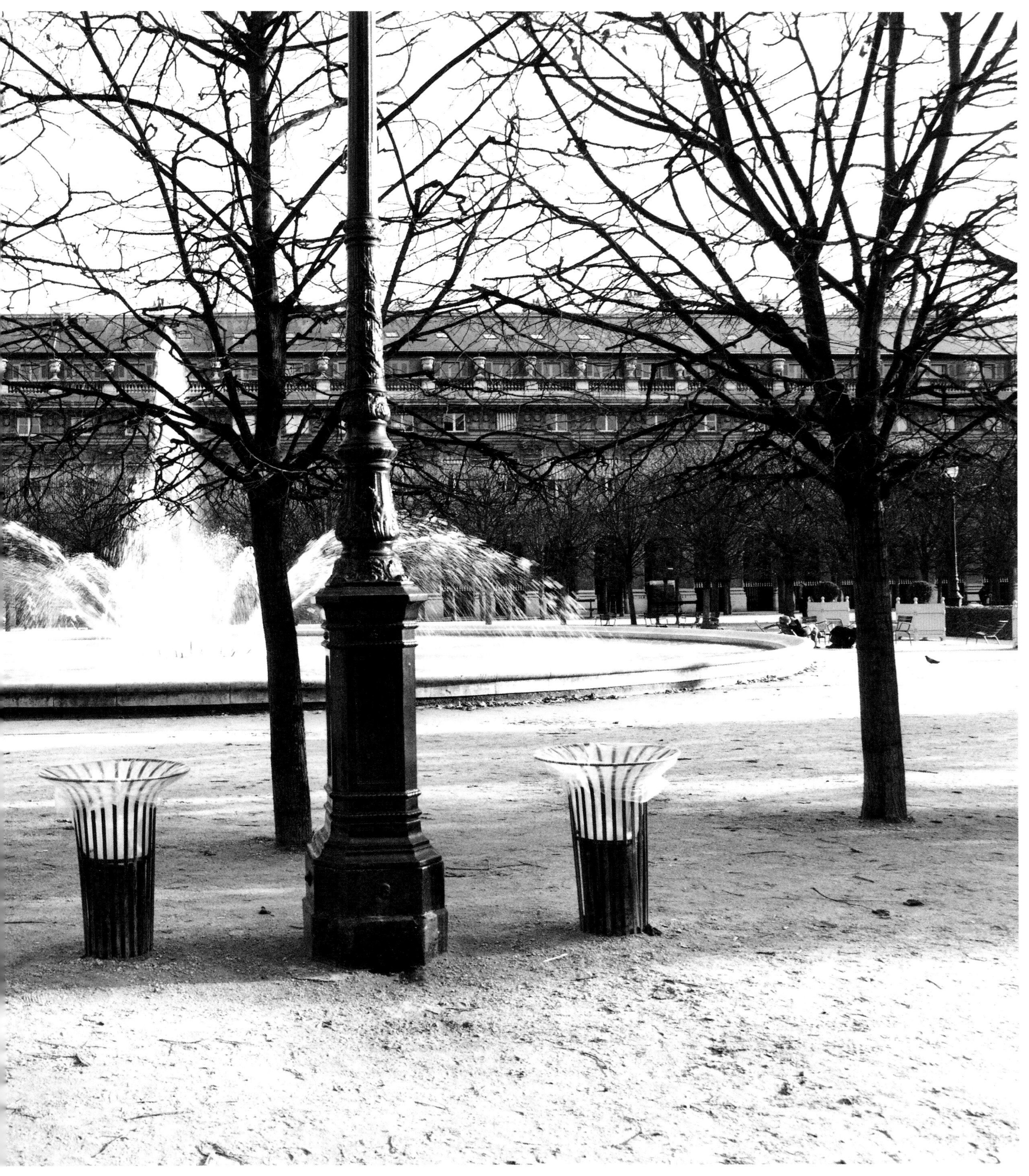

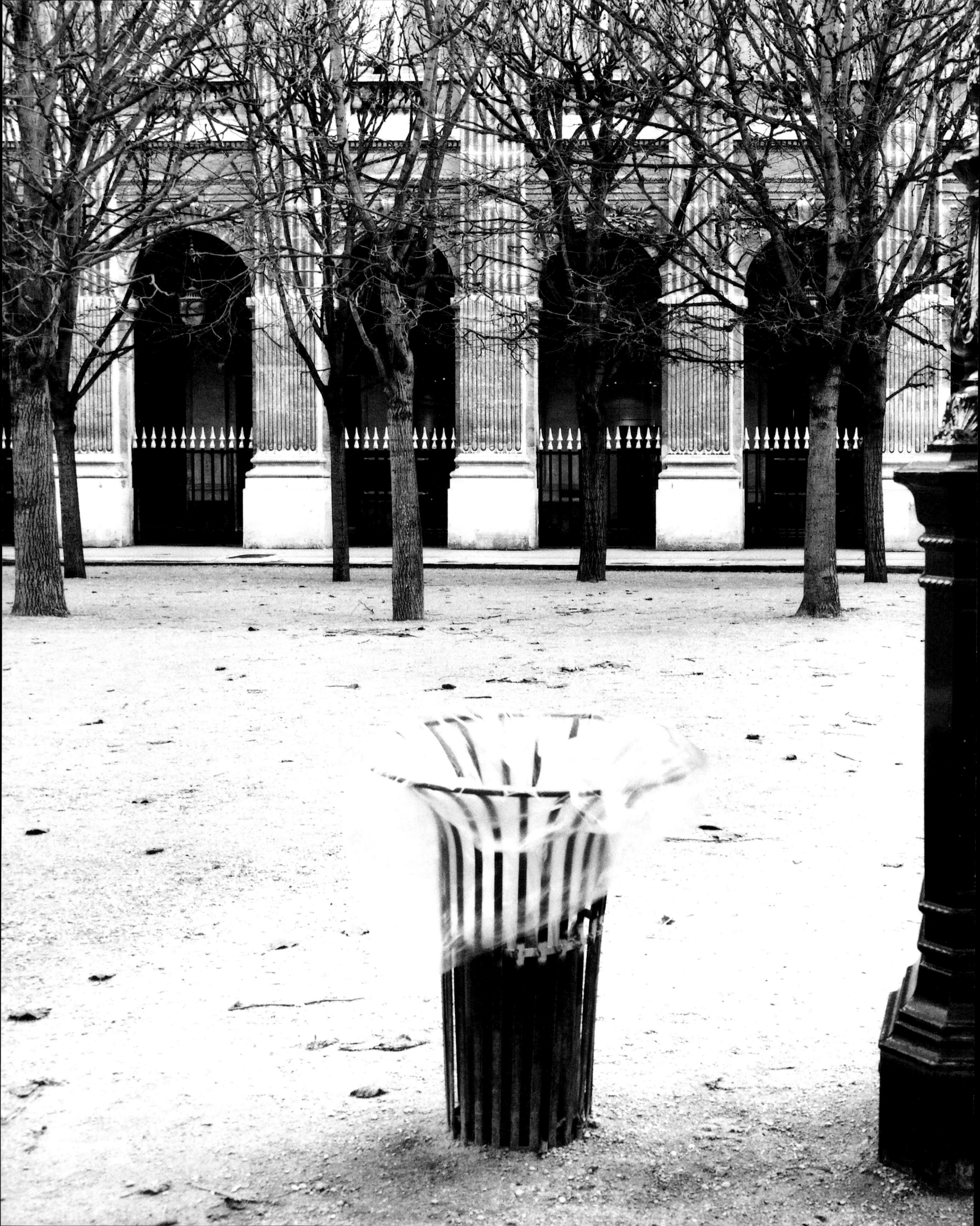

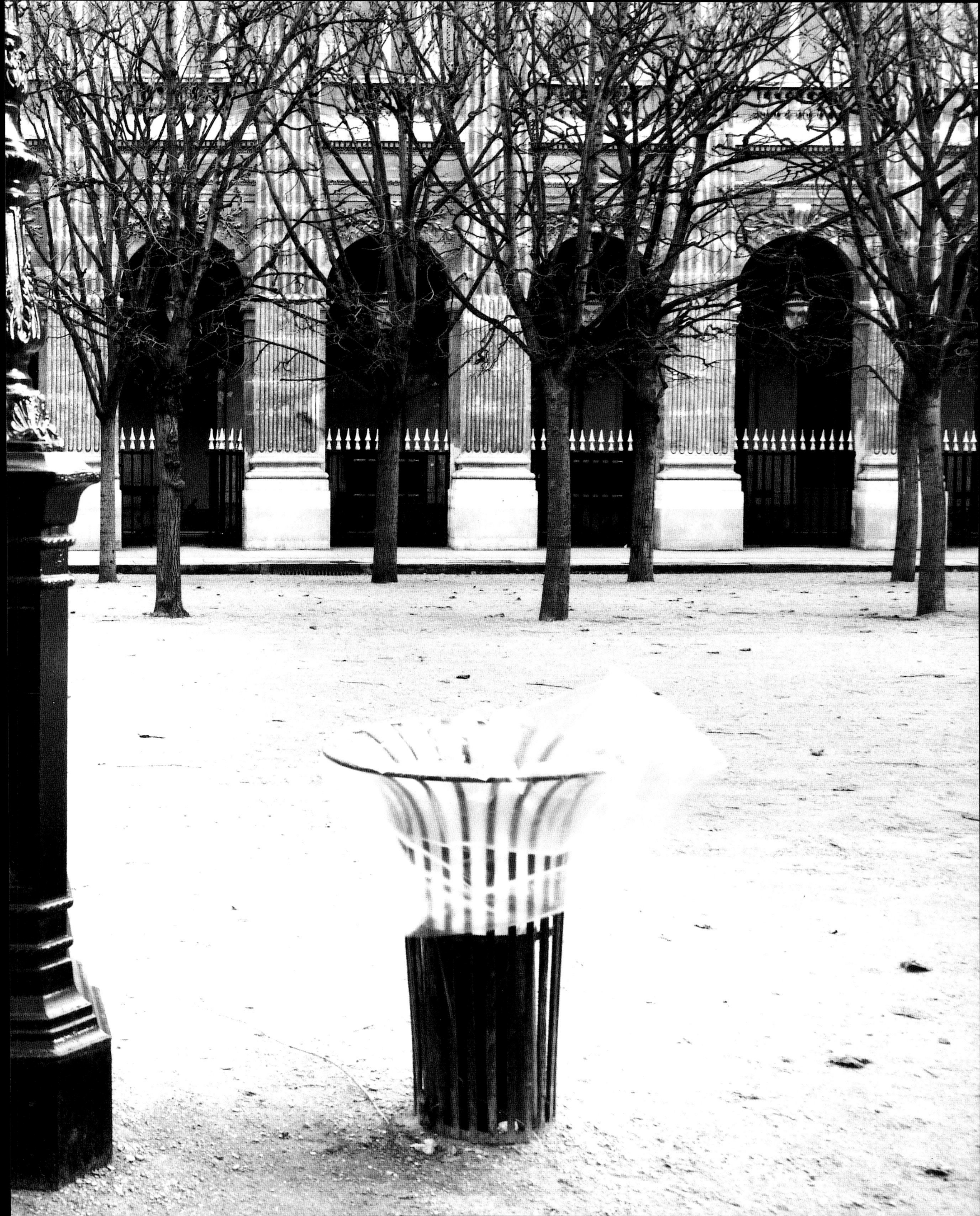

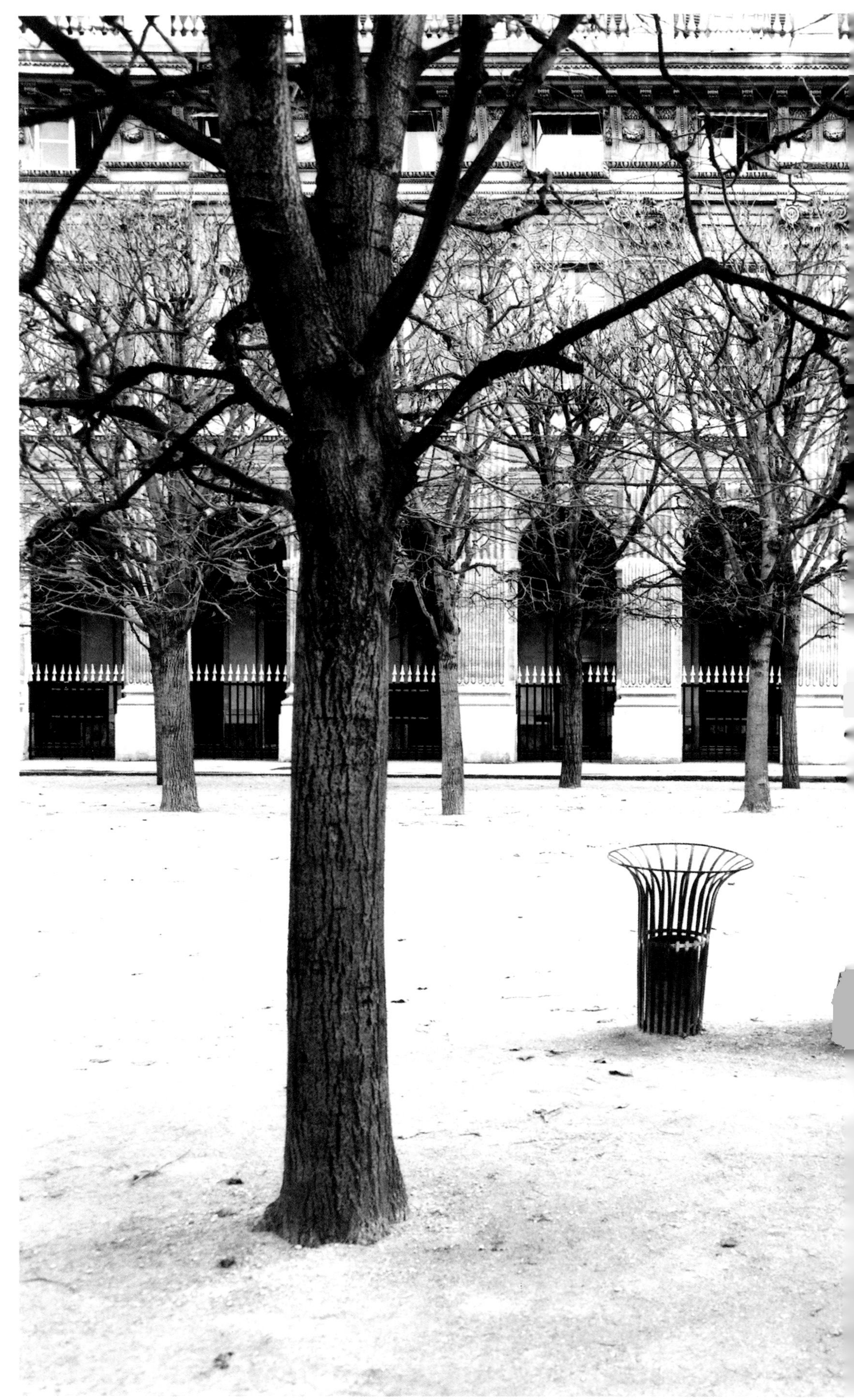

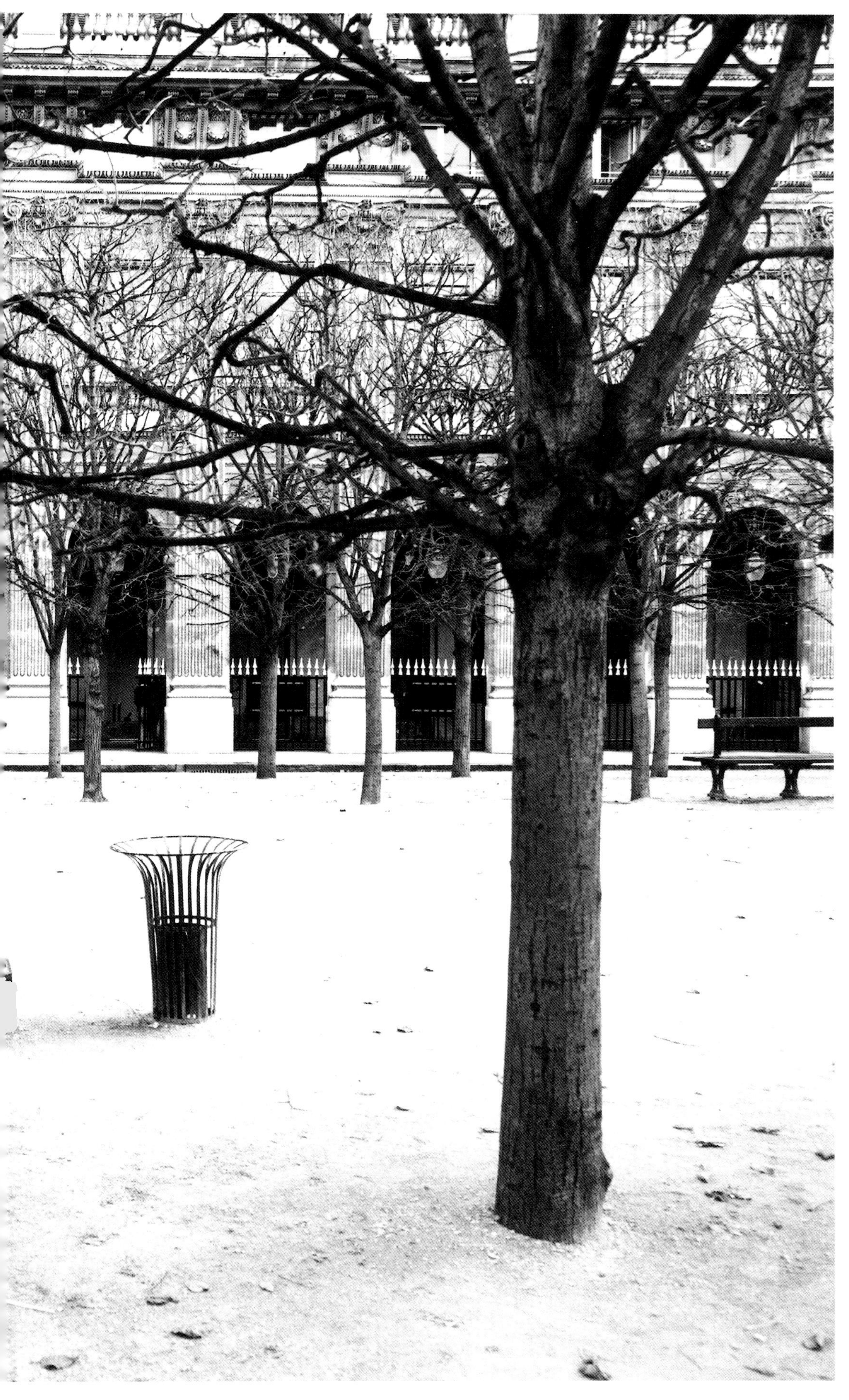

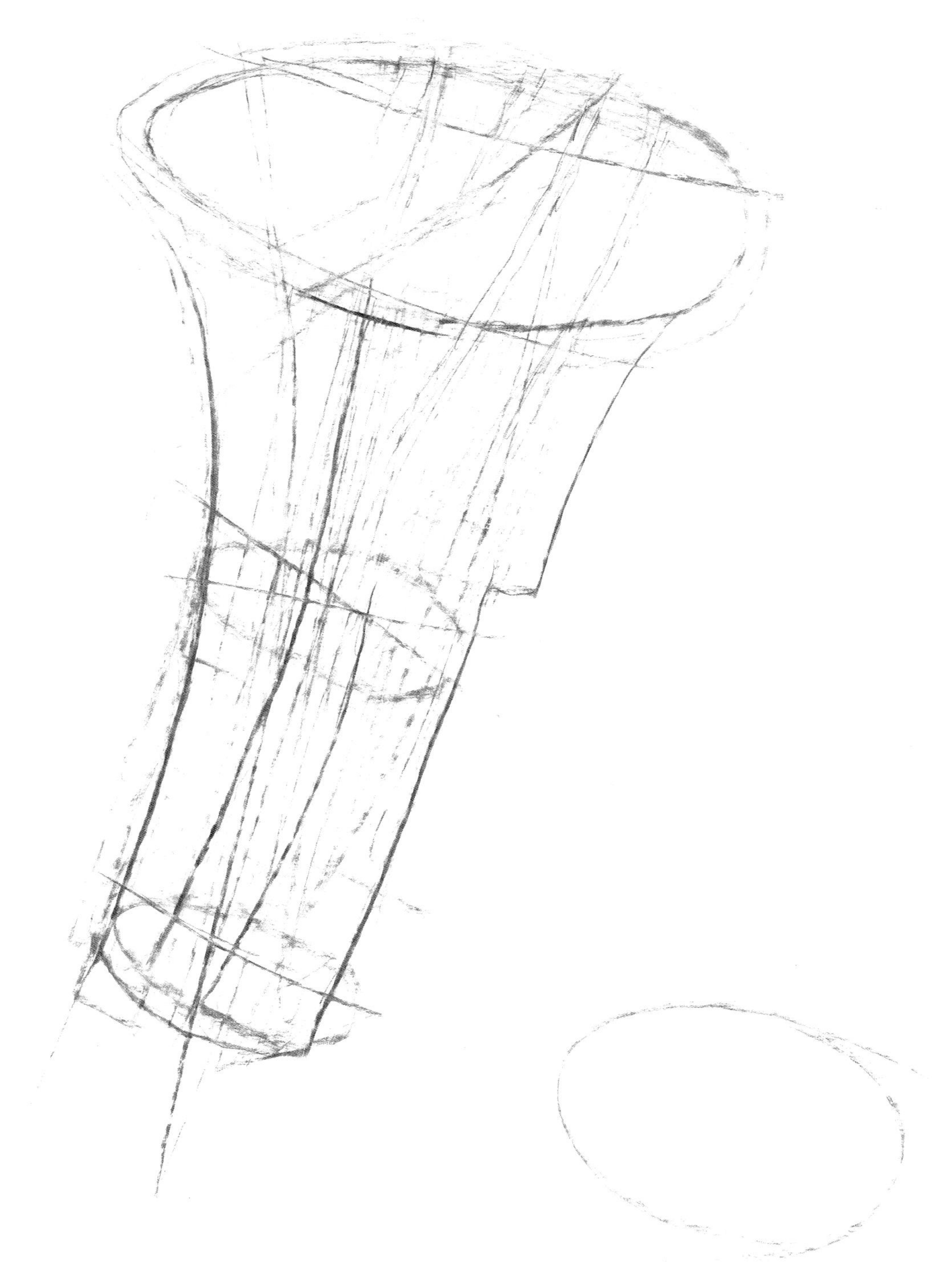

PARIS DU TEMPS PERDU

Wir stellen uns vor, durch das Paris der Belle Epoque zu promenieren.
Die Belle Epoque scheint uns eine Zeit der Sorglosigkeit, ihre Anmutung ist leicht und poetisch.
In Paris ist der Morgen mit einem weichen Blau gezeichnet. Wir verstecken uns in Torbogen und hinter Mauerecken, laufen über Plätze und Boulevards, durch eine Stadt der Ulmen und Platanen hinunter an die Quais und gemauerten Ufer des Flusses.
Kleine Wellen schlagen ans Ufer der Seine - wir sind wirklich und wahrhaftig in Paris.
Wir entdecken wundervolle Einzelheiten und wissen gar nicht, wohin wir uns als erstes wenden sollen.
Wir stehen still in einem Stern von Musette-Musik und Spatzen...
Wir machen uns nicht die leisesten Sorgen.
Wir blühen auf, da wir uns in der Zeit der Belle Epoque befinden.
Niemals waren wir so frei, so froh, so jung, so schön, so zärtlich wie zu dieser Zeit.
Und die Tage vergehen uns wie im Traum.

Sprechen wir nun von der modernen Eisenzeit, vom Eisen als dem wichtigsten Metall, das neuerdings die Stadt Paris mit allem überzieht, was immer daraus formbar ist.
Denn geschmolzen, geschmiedet und ausgewalzt - seit es möglich ist, das Eisen auszuwalzen - läßt es sich in jede Richtung biegen, dehnen, stauchen, knicken oder strecken - wie immer Kultur und Technik, Fortschritt, Wohlfahrt und Bequemlichkeit der Menschheit es verlangt.

Imaginons-nous flânant dans le Paris de la Belle Époque.
La Belle Époque nous semble être une ère d'insouciance, elle est d'allure légère et poétique.
A Paris, le matin est empreint d'un bleu tendre.
Nous nous cachons sous un porche, derrière des façades, traversons des places et des boulevards, parcourant une ville plantée d'ormes et de platanes, et descendons jusqu'aux quais et parapets sur les bords du fleuve.
De petites vagues battent la rive de la Seine - nous sommes vraiment, assurément, à Paris.
Nous découvrons de merveilleux détails sans savoir auquel nous attacher en premier.
Nous sommes immobiles dans une nébuleuse de musettes et de moineaux...
Nous ne nous faisons pas l'ombre d'un souci.
Nous nous épanouissons car nous vivons l'âge de la Belle Époque.
Jamais nous n'avons été aussi libres, aussi jeunes, aussi beaux, aussi tendres que dans ces temps-là.
Et les jours s'écoulent comme dans un rêve.

Parlons maintenant de l'âge moderne du fer, du fer comme étant le métal le plus important, et qui parsème depuis peu la ville de Paris partout où il peut donner forme à quelque chose.
Car en le fondant, forgeant, laminant, - depuis qu'il est possible de laminer le fer, on le courbe, l'étire, écrase, le plie ou l'allonge dans toute direction, - répondant à n'importe quelle demande de la culture, de la technique, du progrès, du bien-être et du confort de l'humanité.

Nehmen wir den alles überragenden Gipfelpunkt der eisernen Epoche, das Weltwahrzeichen von Paris, das die Reisenden aller Herren Länder - aus Amerika, den Kolonien, Sultanaten, aus dem Maghreb und vom Bosporus - schon von Weitem in den Bann gezogen hat.
Wer ist dieser gewaltige Vierfüßler am Ufer der Seine, der sich da beinahe schwebend erhebt? - Von fern betrachtet hat er etwas Federleichtes, und sein Zauber überwältigt uns alle.
Das ist das Werk des Ingenieurs Gustave Eiffel, gibt man uns zur Antwort. Nach seinem Entwurf ist dieses Architekturgerüst – millionenfach genietet (seit es möglich ist, das Eisen zu vernieten) bis zu unerreichter Höhe aufgeführt, wobei die Gefache nichts als Wind und freie Luft enthalten.
Unser Blick steigt staunend an dem Gitterwerk wie an einer Himmelsleiter empor und hat oben, vom dritten Stockwerk aus, bei gutem Wetter, eine Sicht von über 100 Kilometern Weite!

Es ist gerade Weltausstellungszeit, wir haben Glück. Da stehen die großen Weltausstellungshallen, die Glas- und Eisen- Konstrukturpaläste, die Halle des Fortschritts, die Halle des Maschinenbaus und der Elektrizität...
Denn anfangs noch in mildes Gaslicht getaucht, soll Paris nun per Dekret auf Edisonsche Weise voll erstrahlen, zumal die kathedralen mit dem Flügelrad geschmückten Bahnpaläste - die Bahnhöfe du Nord, de l'Est, d'Orsay und Montparnasse - in denen Züge rucklos ein- und ausgehen und Lokomotiven dampfend zum Stillstand kommen.

Wir betreten beinahe ehrfurchtsvoll die Galerien, deren Säulen und spindeldürre Glieder sich am Scheitelpunkt in Korbbogenform verzweigen, in denen unsere Gedanken in dem feenhaften Licht gefangen und umsponnen sind, blicken auch in die farbigen Kuppeln von Lafayette und Bon Marché hinauf, unter denen die Damenwelt zu ihren modischen Gelüsten leidenschaftlich versammelt ist und

Prenons l'apogée de l'époque du fer qui surplombe le tout, symbole mondial de Paris subjuguant déjà dans le lointain les voyageurs des quatre coins du monde, de l'Amérique, des colonies, des sultanats, du Maghreb et du Bosphore.
Qui est ce quadrupède imposant au bord de la Seine qui s'élève là de manière presque aérienne ? - Vu de loin, il a quelque chose d'impondérable, et son charme nous conquiert tous.
C'est l'œuvre de l'ingénieur Gustave Eiffel, nous dit-on. Selon son projet, cette charpente architecturale, assemblée par des millions de rivets (depuis qu'il est possible de riveter le fer), se dresse jusqu'à une hauteur encore jamais atteinte, mais ses hourdis ne contiennent rien d'autre que du vent et des courants d'air.
Notre regard étonné grimpe le long du treillis comme sur une échelle montant vers le ciel, découvrant en haut, du troisième étage, par beau temps une vue à plus de 100 kilomètres !

C'est justement le moment de l'Exposition Universelle, nous avons de la chance.
Voici les grands pavillons de l'Exposition Universelle, les palais aux structures de verre et de fer, le pavillon du Progrès, le palais de la Mécanique, celui de l'Electricité ...
Car plongé auparavant dans la douce lumière de l'éclairage au gaz, Paris doit désormais, par décret, resplendir pleinement à la façon d'Edison , et particulièrement les palais ferroviaires qui tels des cathédrales s'ornent d'une rosace, les gares du Nord, de l'Est, d'Orsay et Montparnasse, où les trains arrivent et repartent nonchalamment et les locomotives s'immobilisent dans un nuage de vapeur.

Nous pénétrons presque avec déférence dans les Galeries dont les colonnes et les structures effilées se ramifient à leur sommet en anses de panier, et dont la lumière féérique capture et enveloppe nos pensées, nous portons notre regard aussi vers les coupoles colorées, celle des Galeries Lafayette mais

wandeln weiter durch Passagen, die uns mit Ihren Widerspiegelungen zum Narren halten:
Wir sehen solche vor uns gehen, die wir zu kennen glauben -
die aber keine anderen als wir selber sind.

Das also ist das neue eiserne Paris, das Portefolio seiner Eisenteile: Die Brücke Pont des Arts, die weitgespannte Alexanderbrücke, die Metro-Eingangsschirme, Pforten zur Unterwelt im verschlungenen Blütenstil, Kioske, Trinkwasserbrunnen, Anschlagssäulen und Papierkörbe, die Baumummantelungen, Baumumrundungsroste und Laternenpfähle und endlich – spindelförmig oder als Rondell – die Paradiese der Notdurft und Erleichterung, die wir oft nur noch im allerletzten Augenblick erreichen.

Schon immer haben wir uns schwer getan, unnütze Dinge achtlos wegzuwerfen. Nie wußten wir, wohin mit ihnen.
Endlich ist nun Vorsorge getroffen...am Wegrand im Jardin Royal, im Tuilleriengarten, auf dem Père Lachaise...der Corbeille Tulipe in seiner Tulpenform, in seiner rührend offerierenden Funktion. Da steht er seinerseits in Bodennähe, ganz dem speziellen Zwecke angepaßt...als hätte er uns schon erwartet...
Gut. Dann also rasch hinein mit unsern abgelaufenen Billets, Bonbonpapieren und so weiter! Diese Sorge wären wir los....
Ach, hätten wir uns früher schwer damit getan!
Doch nun...mit dem Corbeille...mit dem Corbeille Tulipe...diesem Paradestück der Nützlichkeit...
Und außerdem: wie zeitlos schön er überdies noch ist! Und wie bescheiden! In seiner leicht gebogenen Erscheinung, der sanften Biegung seiner Eisenstäbe bringt er guten Willen, Bescheidenheit
und Pariser Anmut gleichermaßen zum Ausdruck!
Da bist du also, denken wir... du stiller, treuer, liebenswerter Freund, Empfänger unserer Nichtigkeiten...

aussi du Bon Marché, sous lesquelles la gent féminine se réunit dans sa passion d'envies de mode, et nous continuons notre périple à travers des passages nous renvoyant des images qui nous abusent :
Nous voyons des personnages marcher devant nous, croyant les connaître - mais ils ne sont finalement personne d'autre que nous-mêmes.

Ceci est donc le nouveau Paris de fer, le portfolio de ses pièces en fer : le pont des Arts, le pont Alexandre III majestueux, les édicules des bouches de métro, portes du monde souterrain au style floral entrelacé, les kiosques, les fontaines Wallace, les colonnes Morris et les corbeilles à papier, les corsets d'arbres, les grilles au pied des arbres, les poteaux des réverbères et enfin - fuselés ou en forme de corbeille - les paradis des besoins pressants et du soulagement que nous n'atteignons souvent qu'au tout dernier moment.

Depuis toujours nous avons du mal à jeter négligemment les choses inutiles. Nous n'avons jamais su qu'en faire.
Des dispositions ont enfin été prises à cet égard... le long des chemins du Jardin du Palais Royal, au Jardin des Tuileries, au Père Lachaise...la corbeille Tulipe reprenant la forme de la fleur, dans sa fonction aux accents touchants d'offrande.
Elle se tient là non loin du sol, totalement adonnée à sa tâche ....comme si elle nous attendait déjà...
Bien. Alors jetons vite dedans nos billets périmés, nos papiers de bonbons et cætera ! Nous voici donc débarrassés de ce souci....
Ah, cela nous eut été bien difficile par le passé !
Mais à présent...avec la corbeille...avec la corbeille Tulipe...ce modèle de l'utilité...
Et puis, de surcroît, quelle beauté intemporelle possède-t-elle ! Et quelle modestie ! Avec sa tournure légèrement galbée, la douce courbe de ses tiges en fer, elle exprime tout à la fois la bonne volonté, la modestie et la grâce parisienne !

Und wir? Was ist mit uns? Nachdem wir ihrer ledig sind?
Wir atmen auf und fühlen uns erleichtert!
Wir können frank und frei des Weges ziehn!

Hans-Peter Breuer

C'est donc toi, nous disons-nous... toi, l'amie muette,
fidèle, aimable, réceptacle de nos vétilles...
Et nous ? Qu'en est-il de nous ? Maintenant que
nous nous sommes séparés de ces dernières ?
Nous respirons et nous sentons plus légers !
Nous pouvons hardiment poursuivre
notre chemin !

Hans-Peter Breuer

Auszug aus/ *Extrait de :*
Paris du temps perdu –
Promenade durch die Belle Epoque,
Waiblingen 2013

Hans-Peter Breuer, geboren 1939 in Olpe/Westfalen. 1965 - 1998 Dramaturg am Süddeutschen Rundfunk in Stuttgart. Autor von Prosa und zahlreichen Hörspielen, Kurt-Magnus-Preis der ARD.

Hans-Peter Breuer, né en 1939 à Olpe/Westphalie. De 1965 à 1998 : conseiller dramatique à la radio Süddeutscher Rundfunk à Stuttgart. Prosateur et auteur de nombreuses pièces radiophoniques, prix Kurt-Magnus de l'ARD (groupement public allemand de radiodiffuseurs).

Zeichnungen von Hans Baschang

Dessins de Hans Baschang

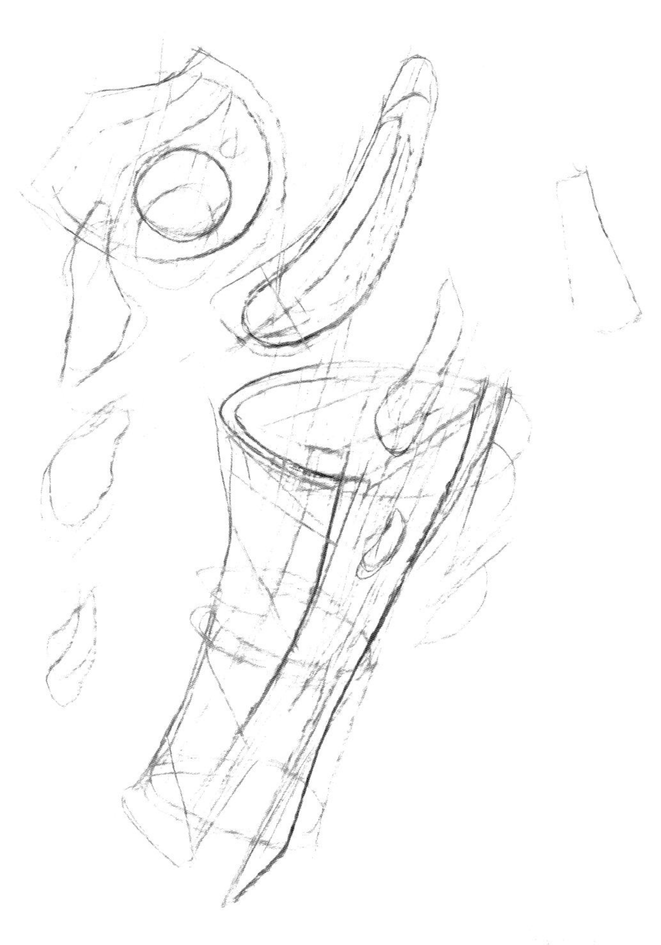

Corbeilles Rodin

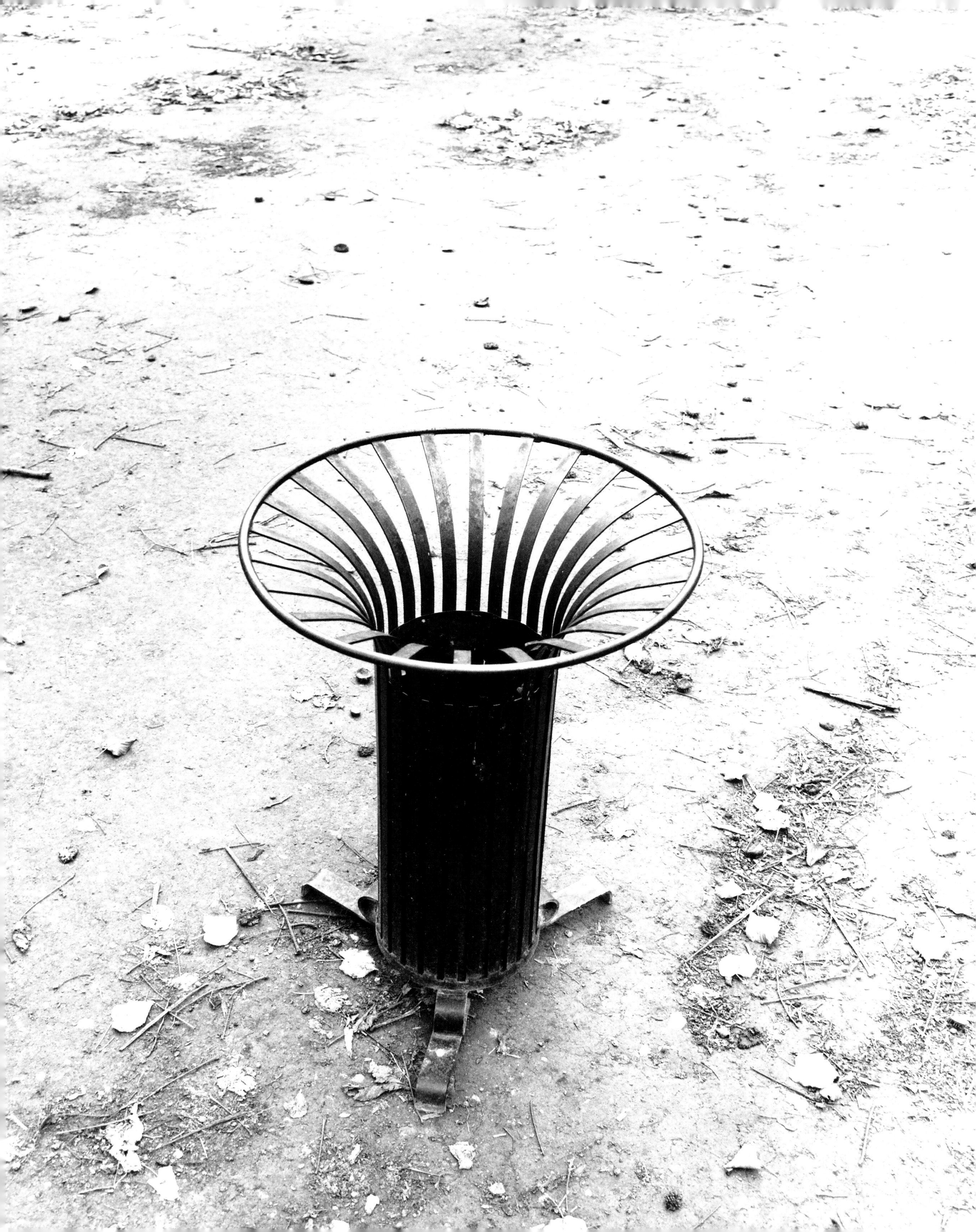

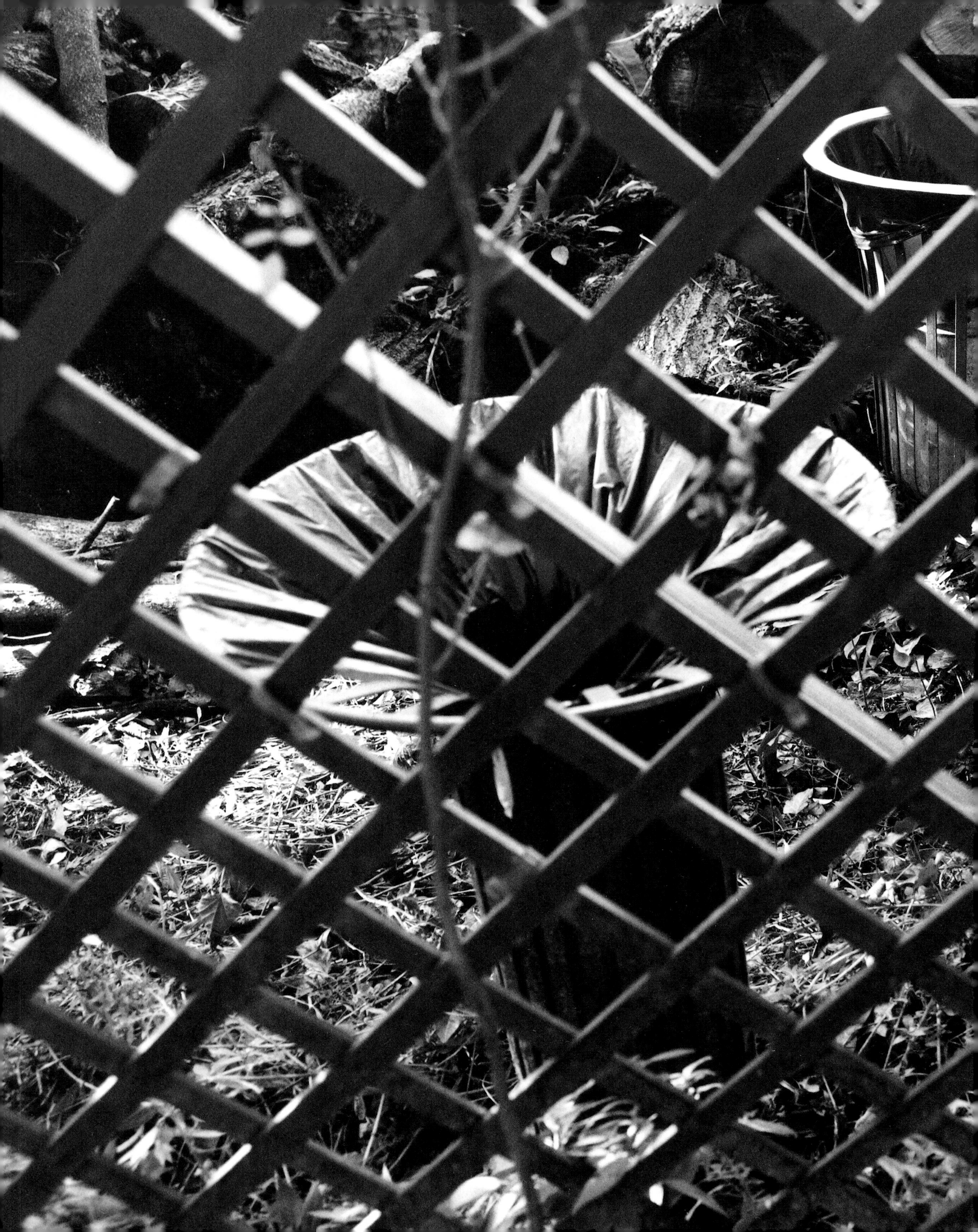

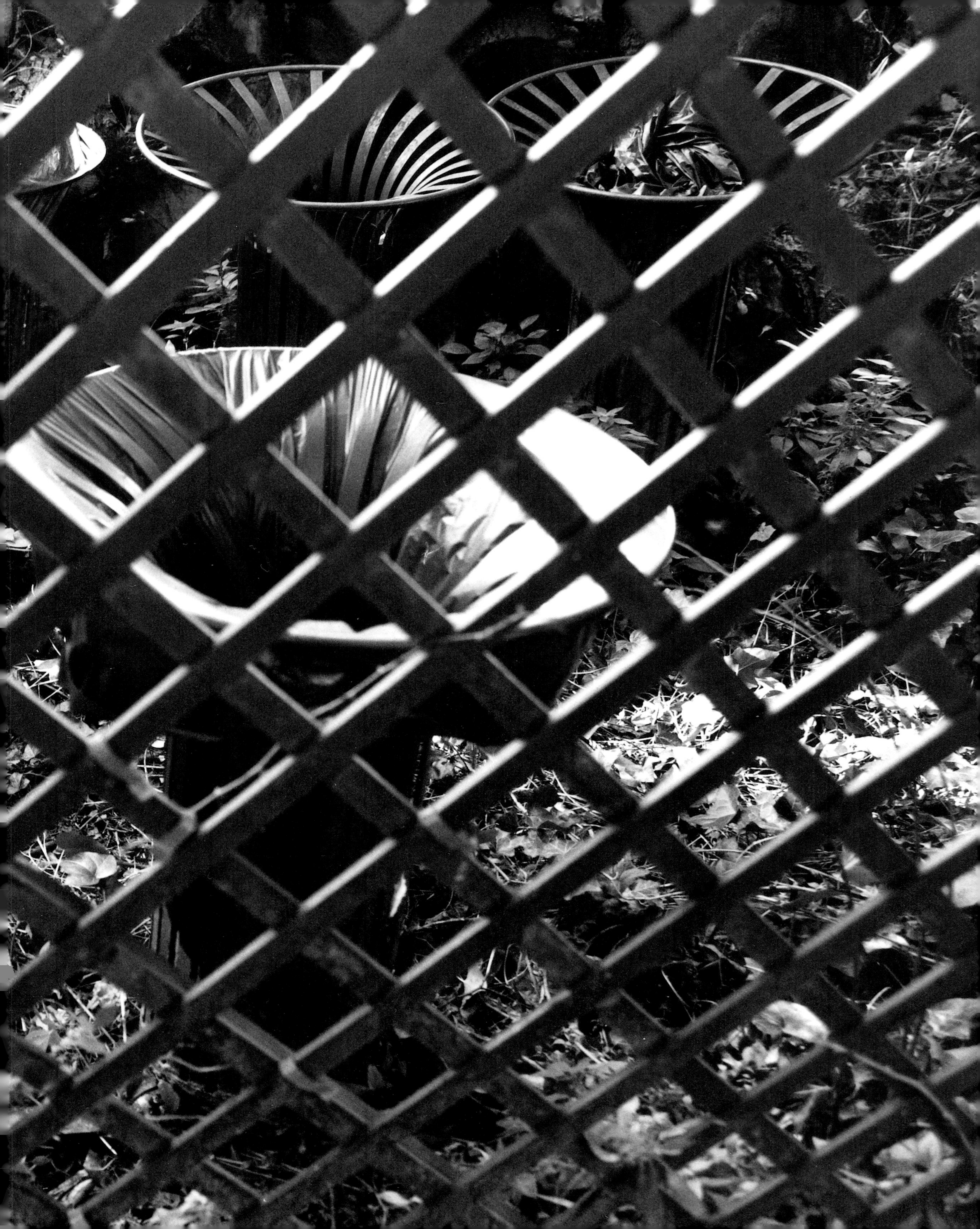

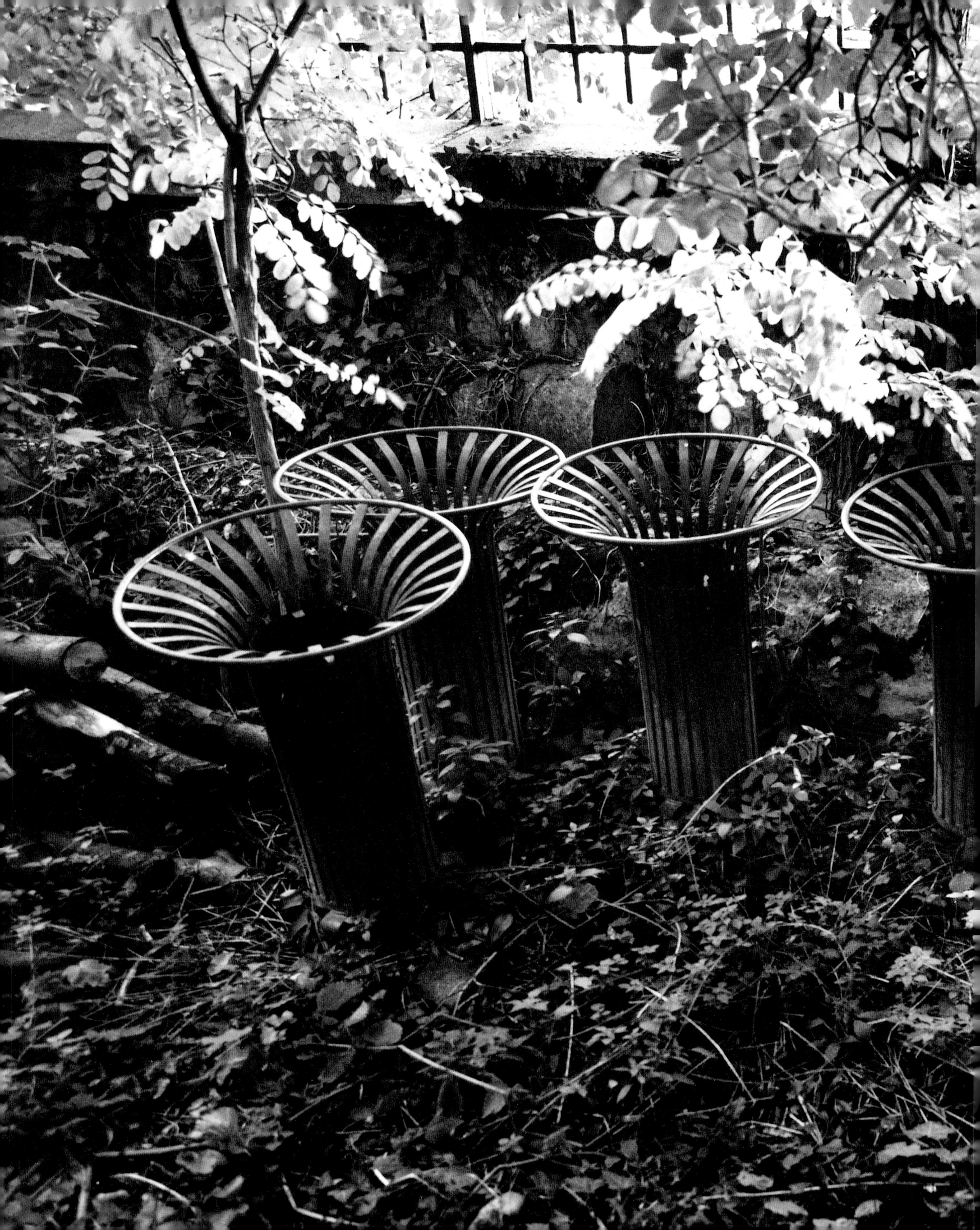

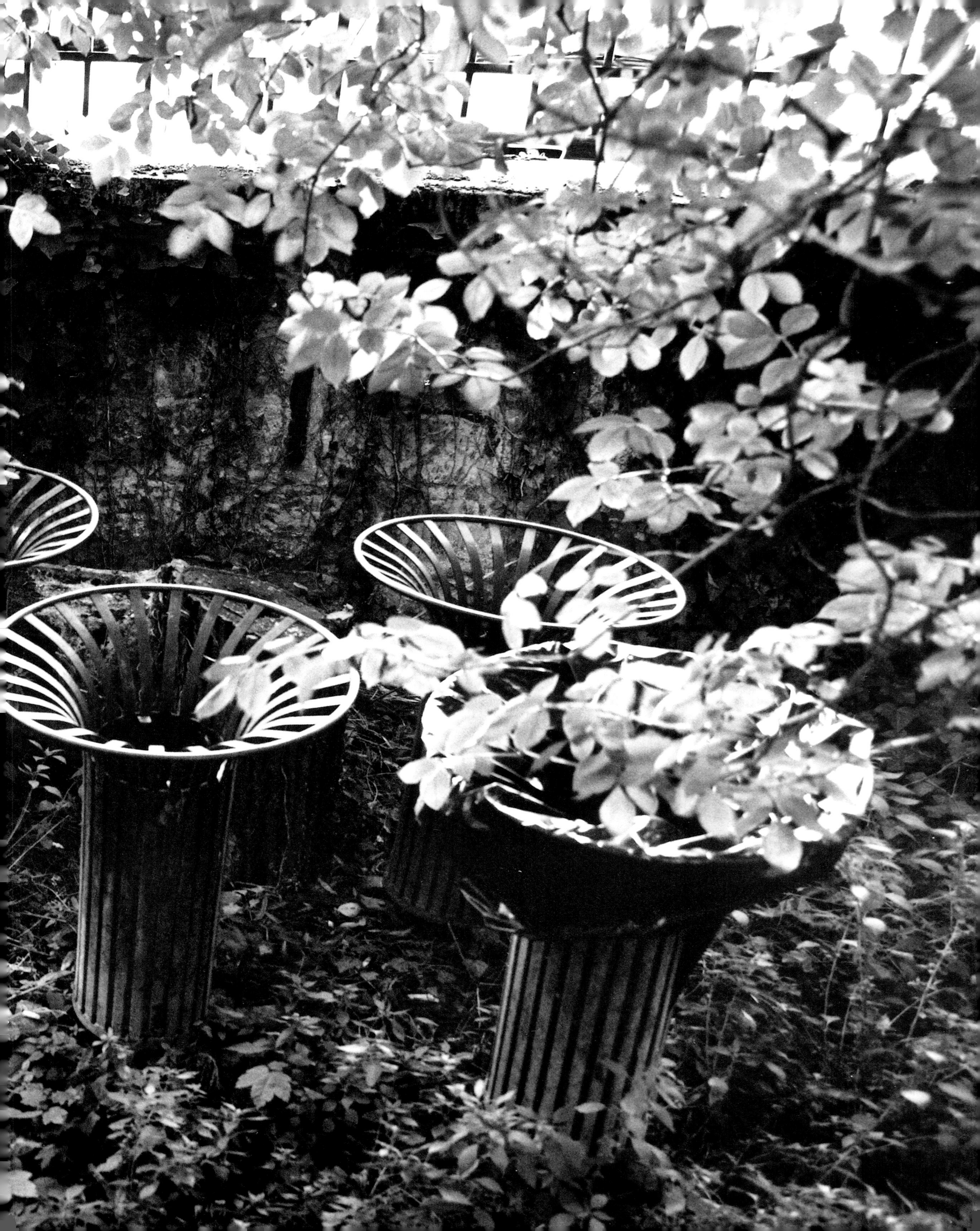

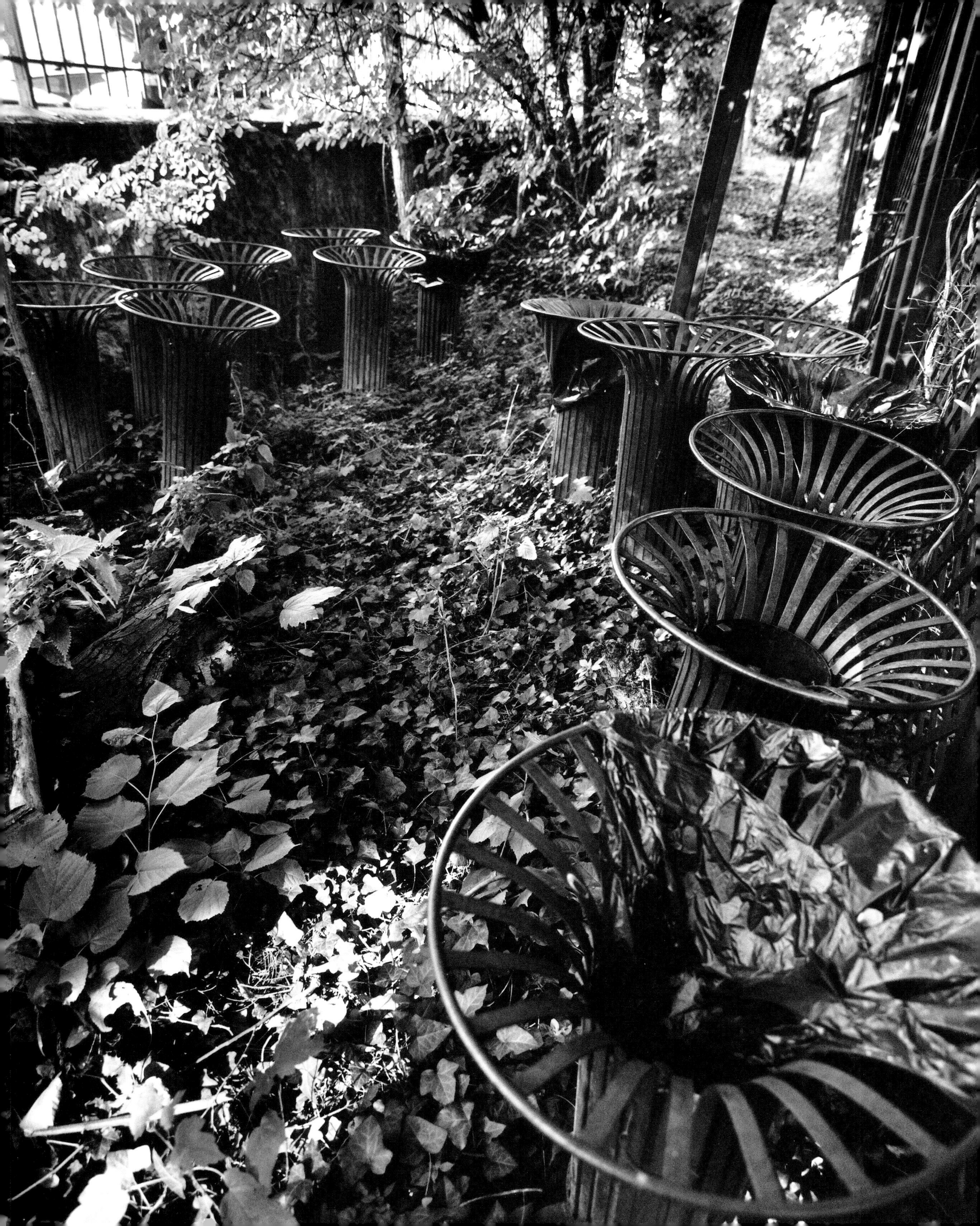

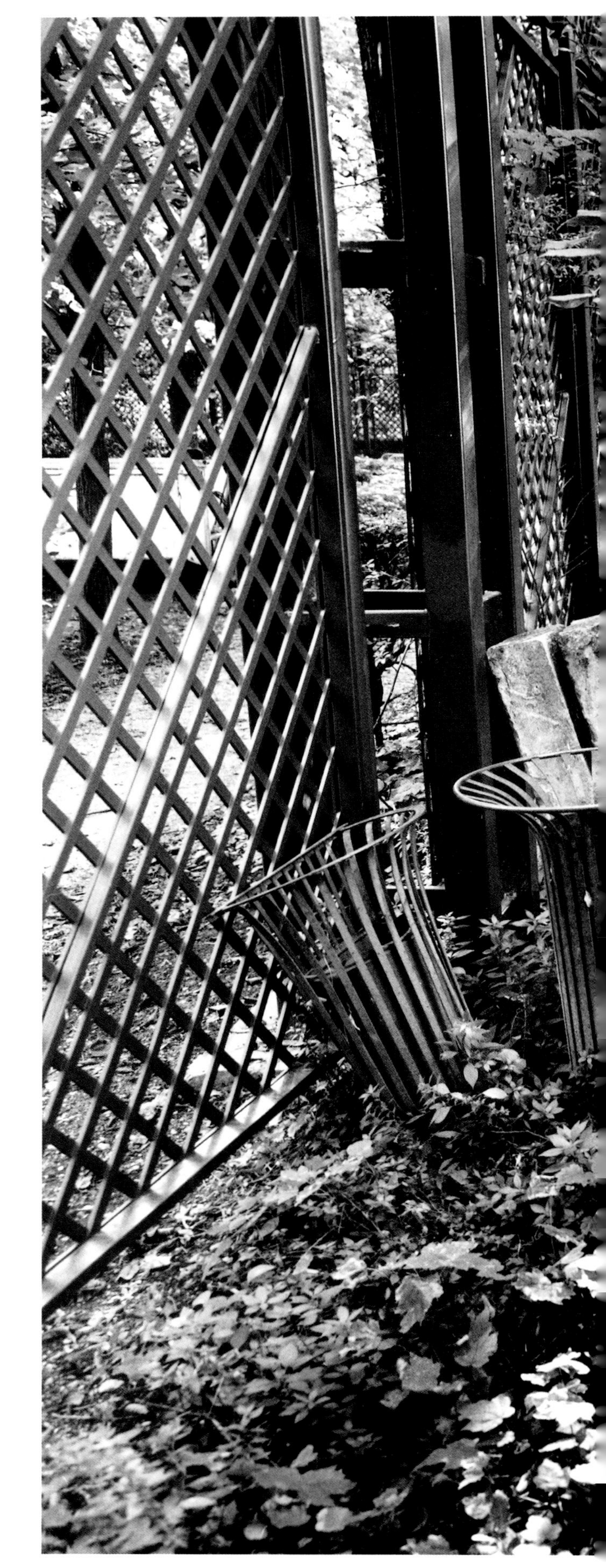

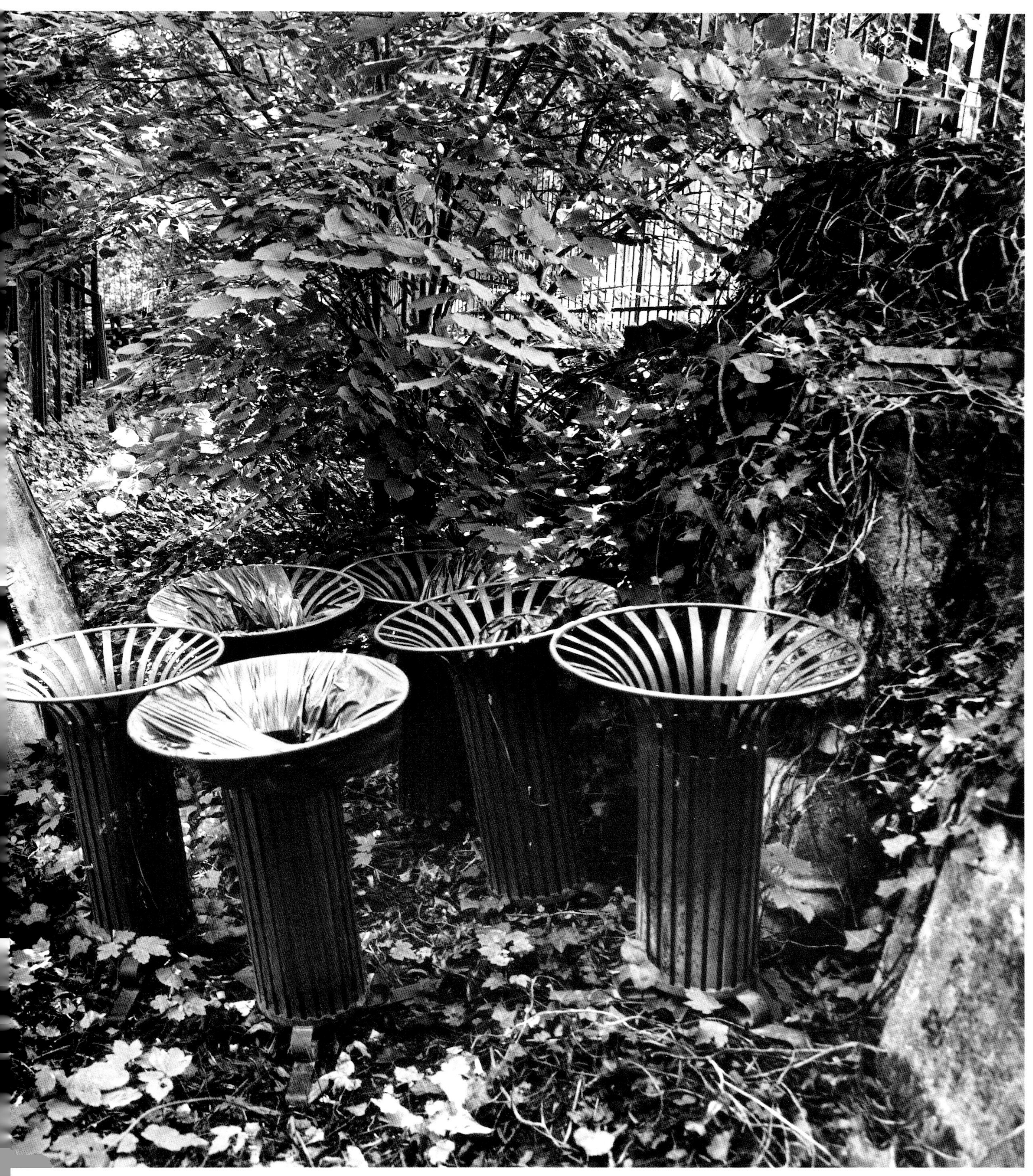

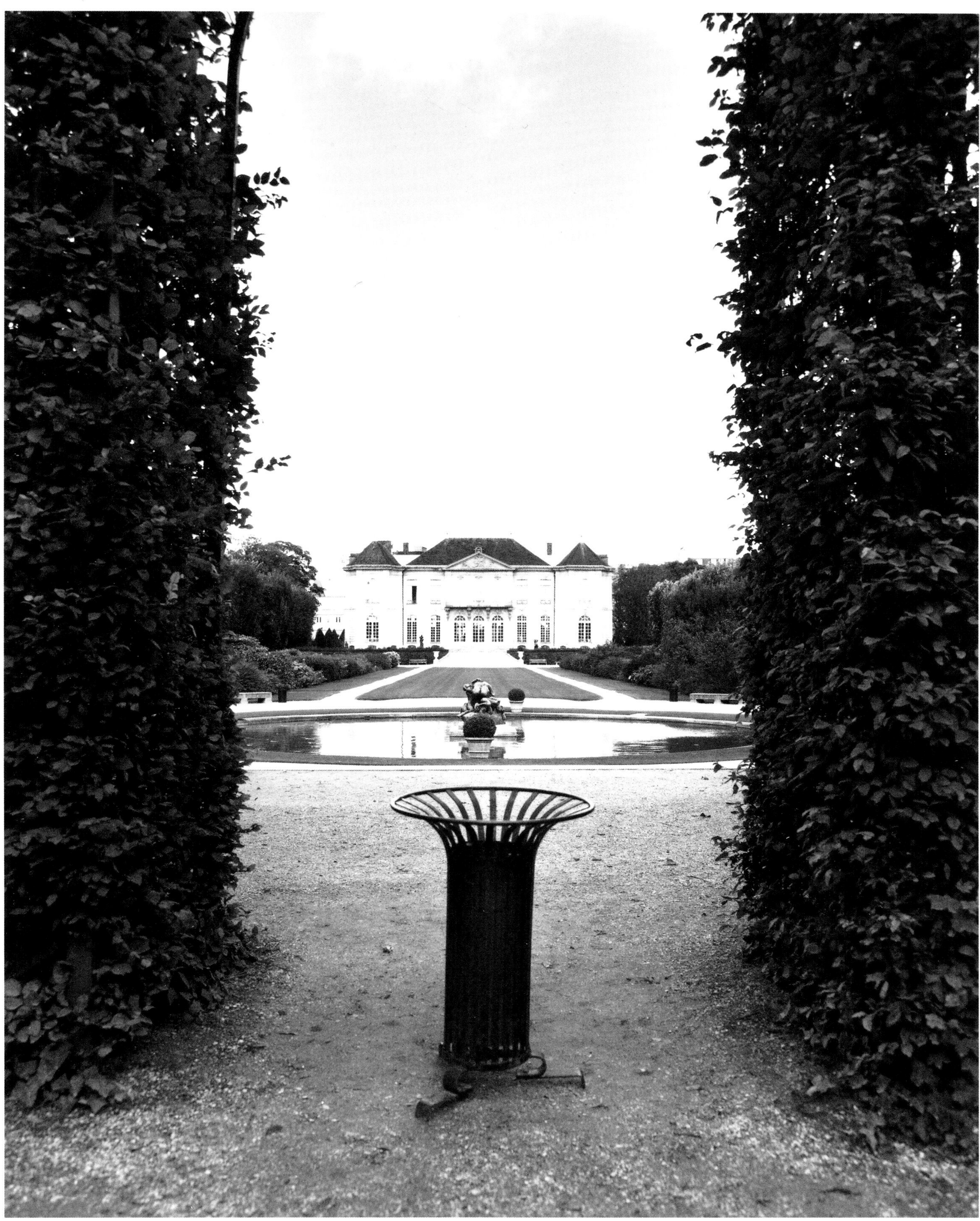

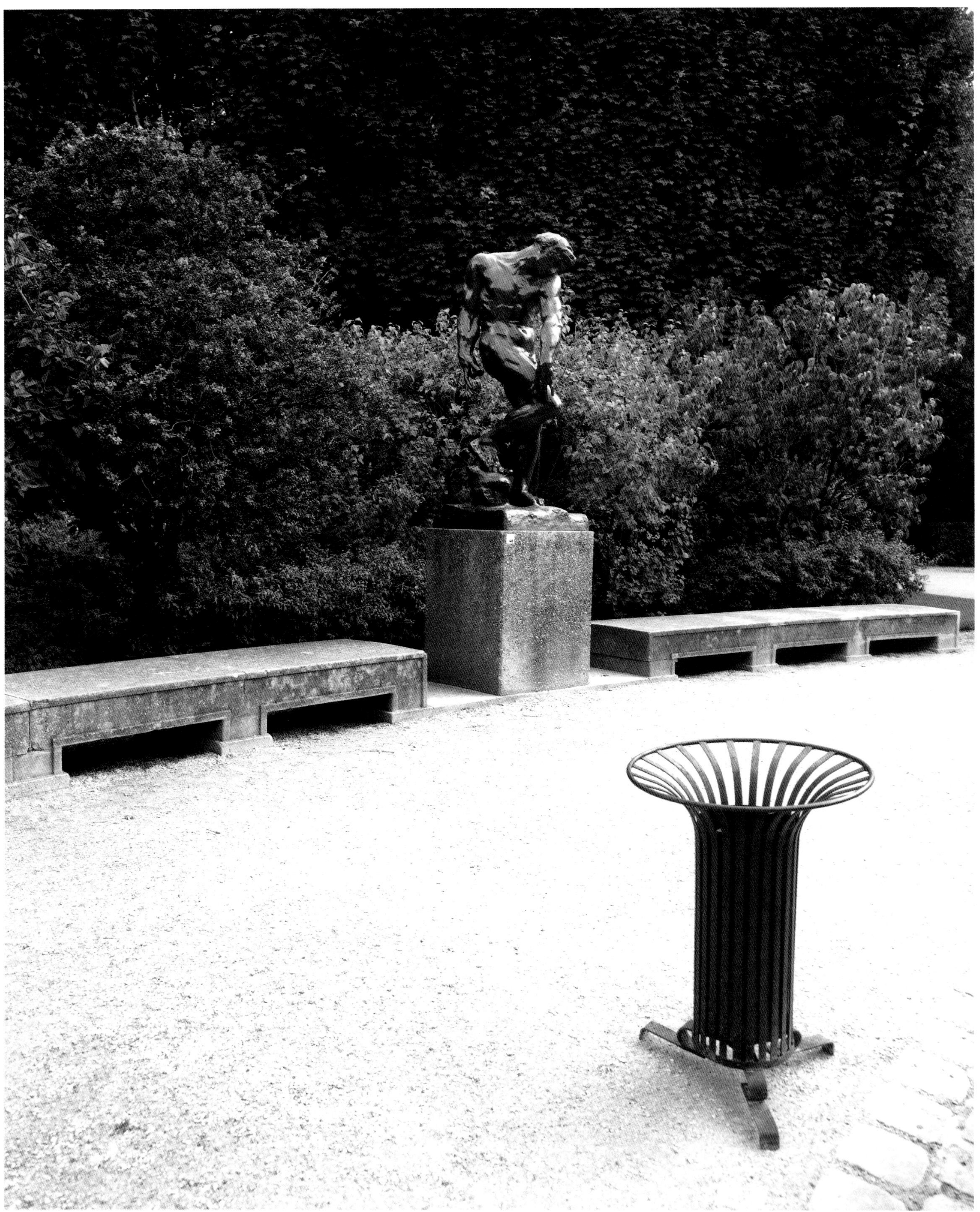

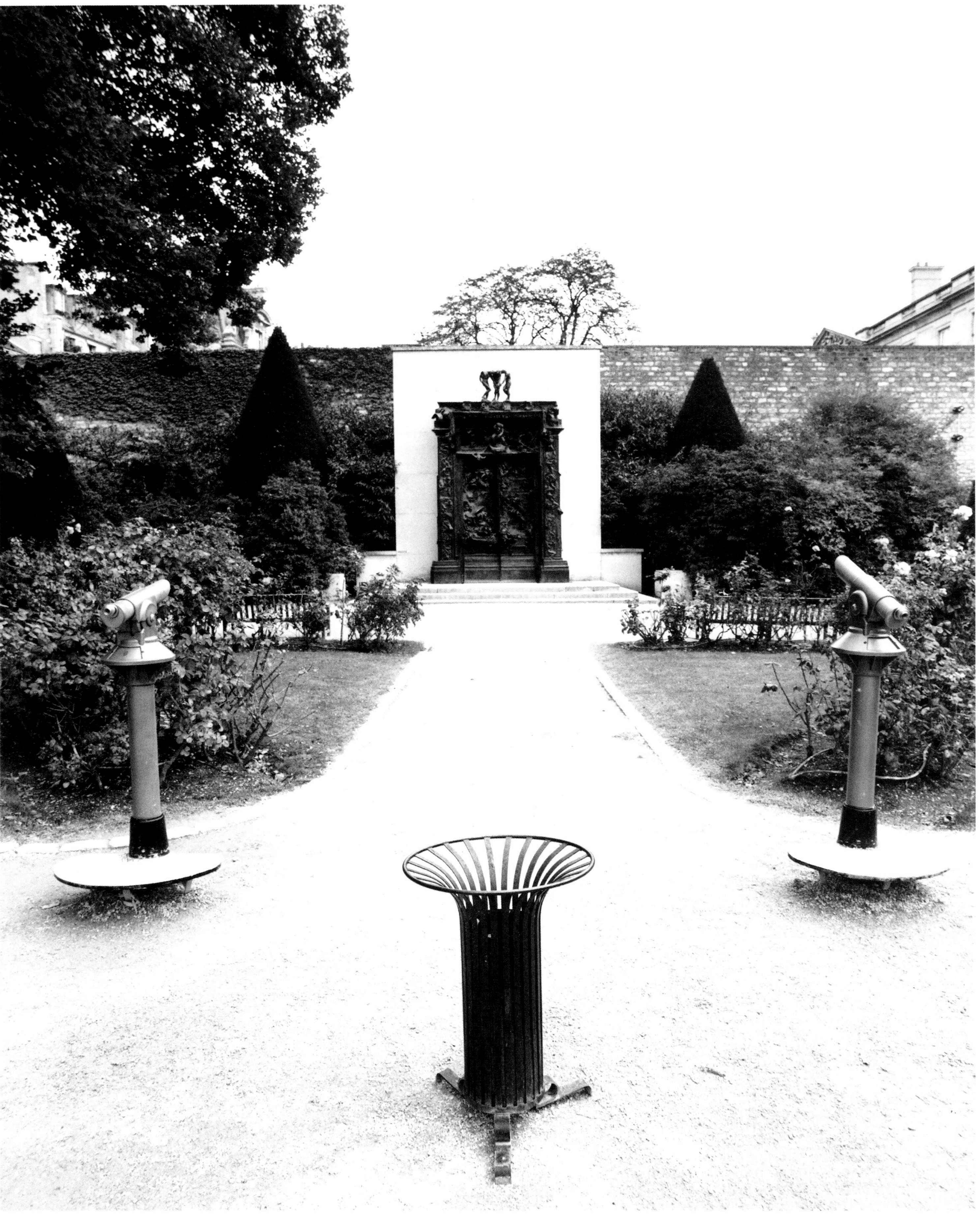

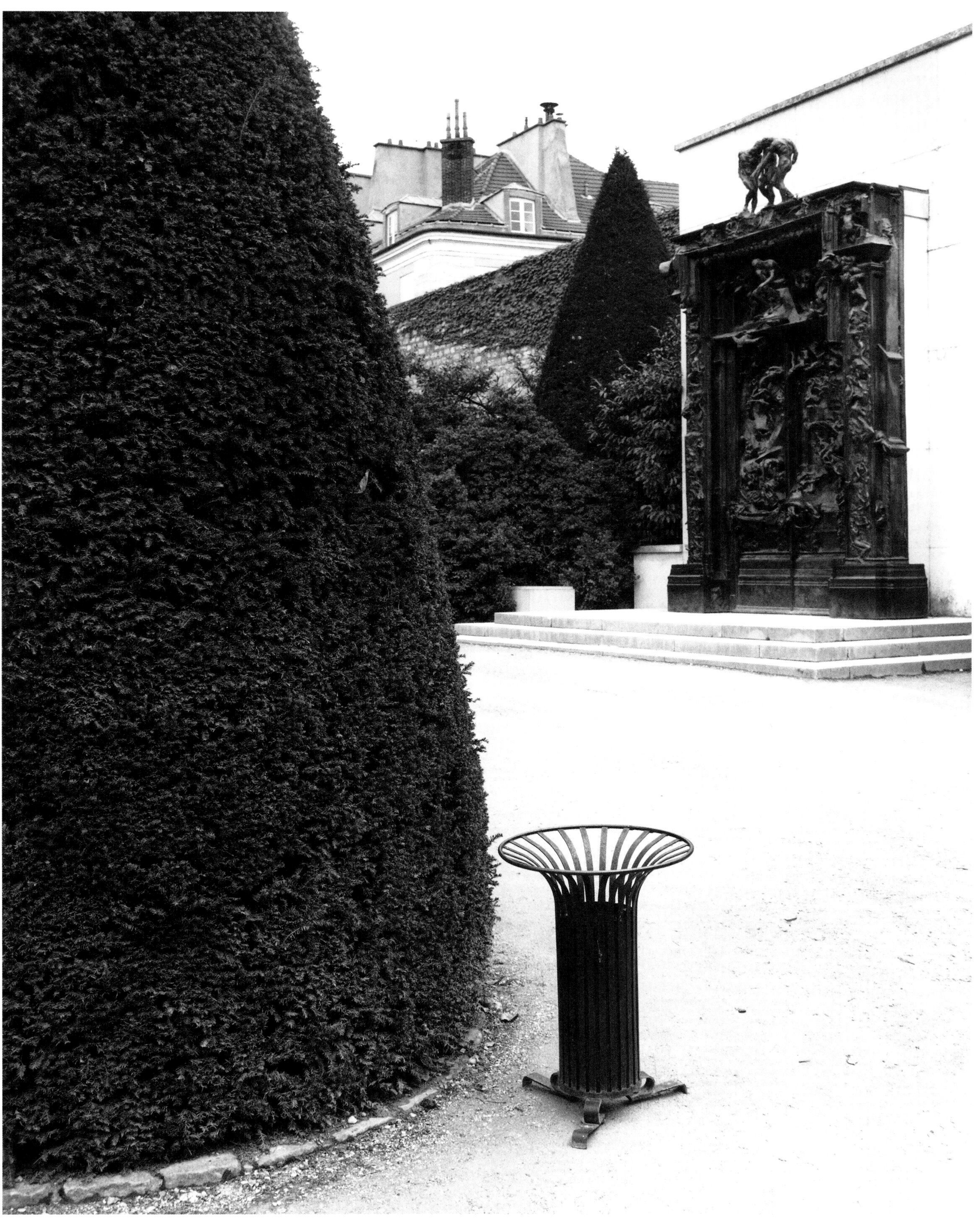

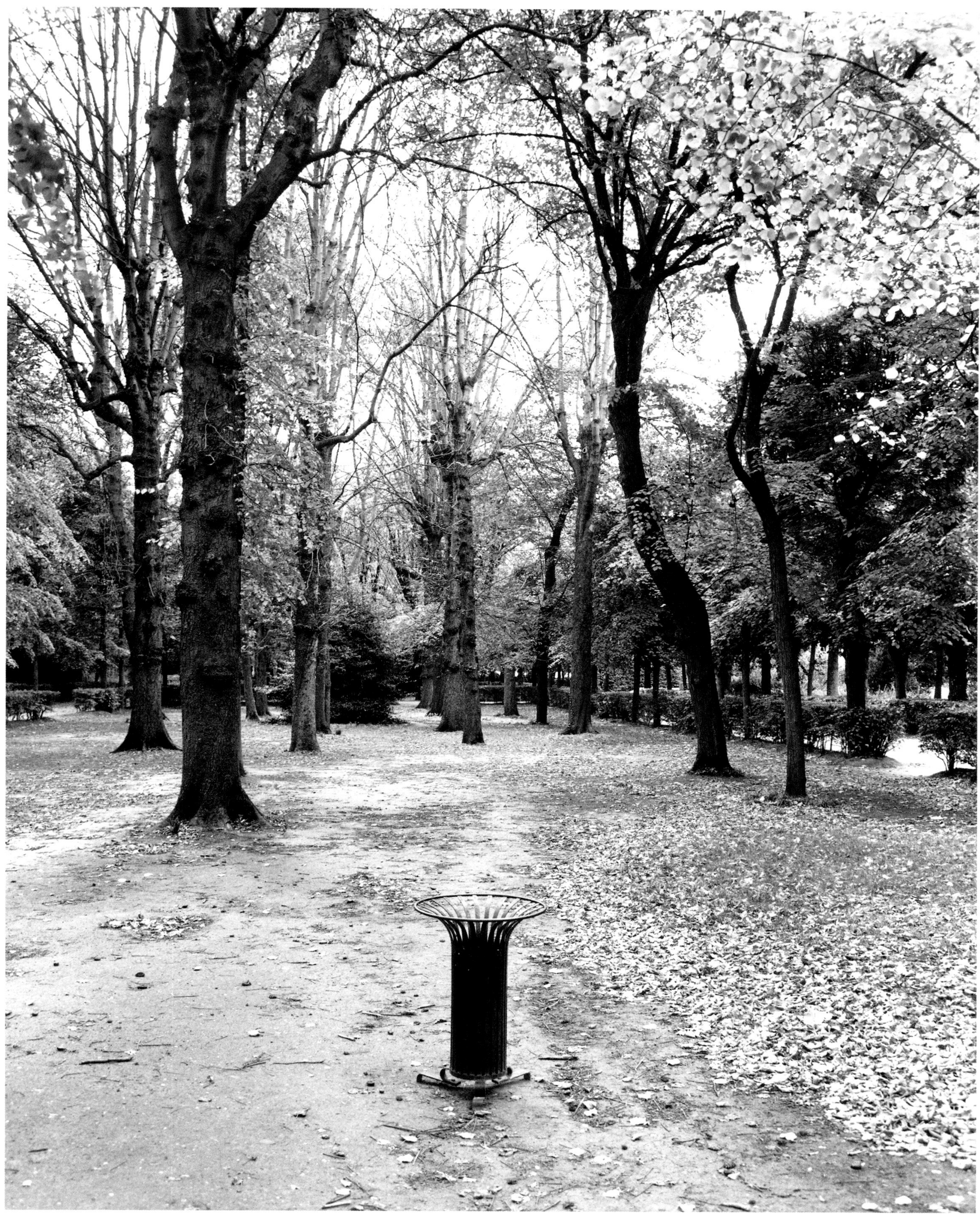

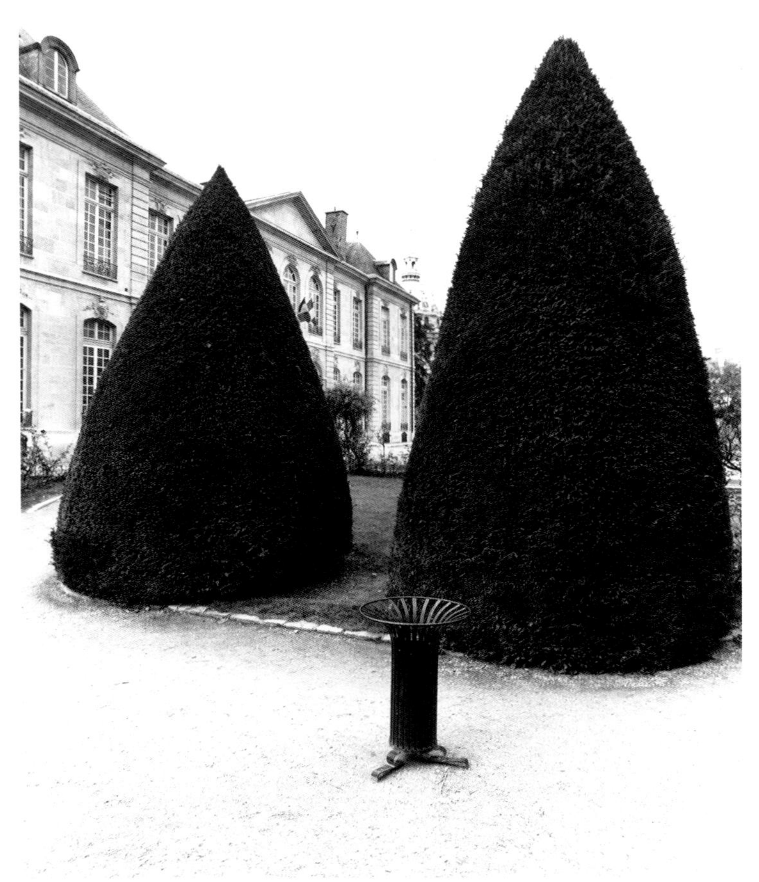

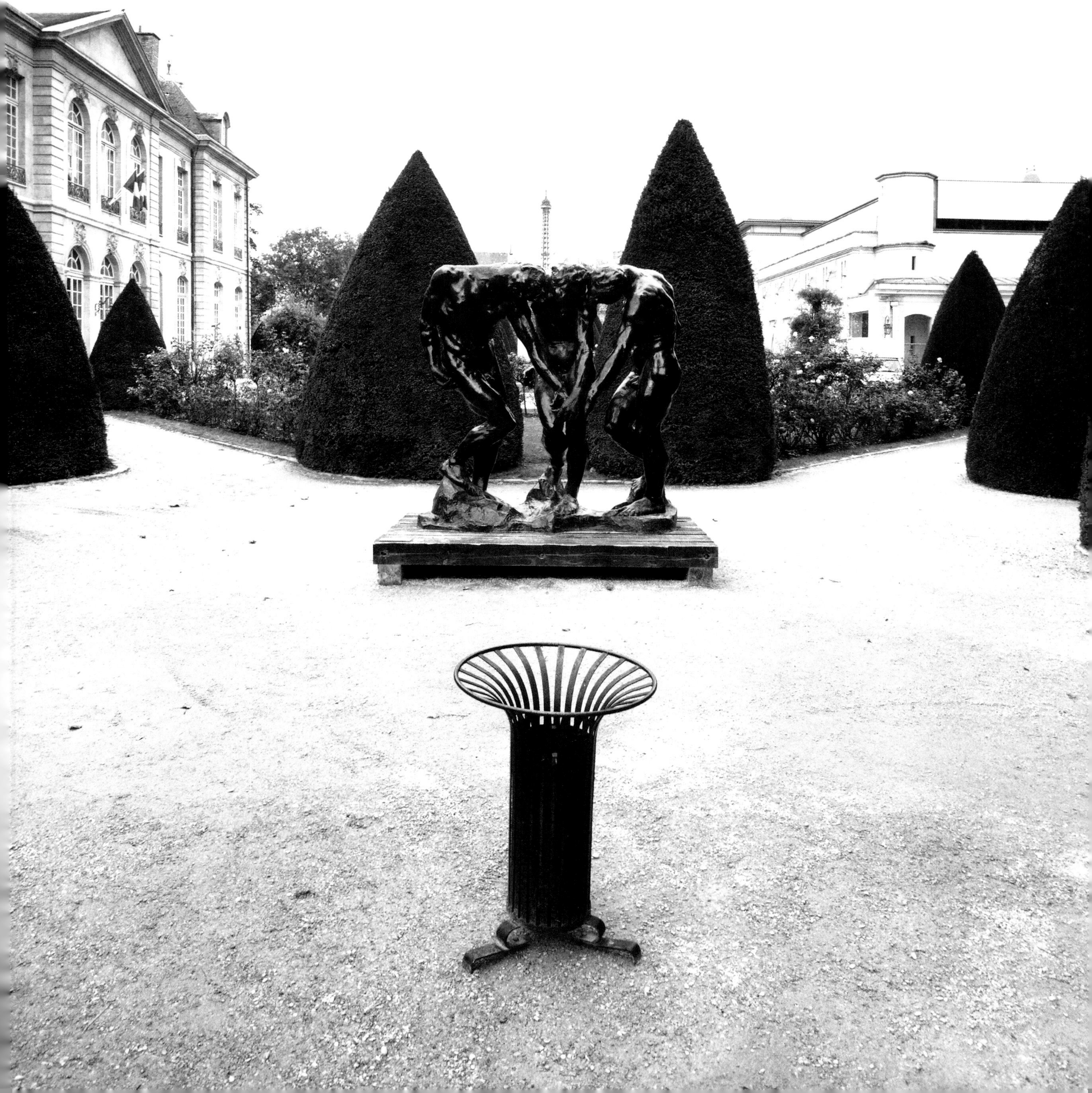

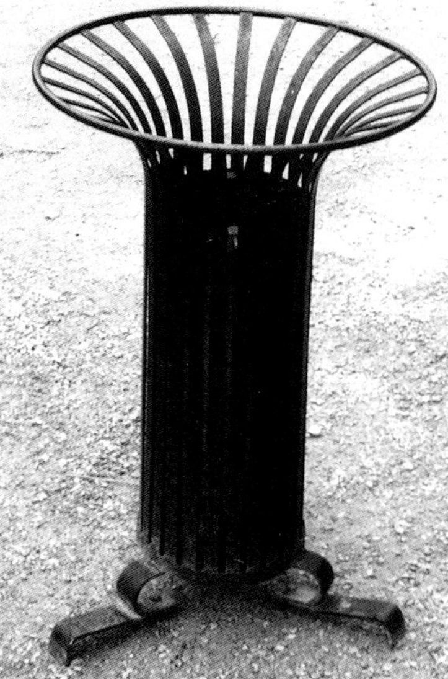

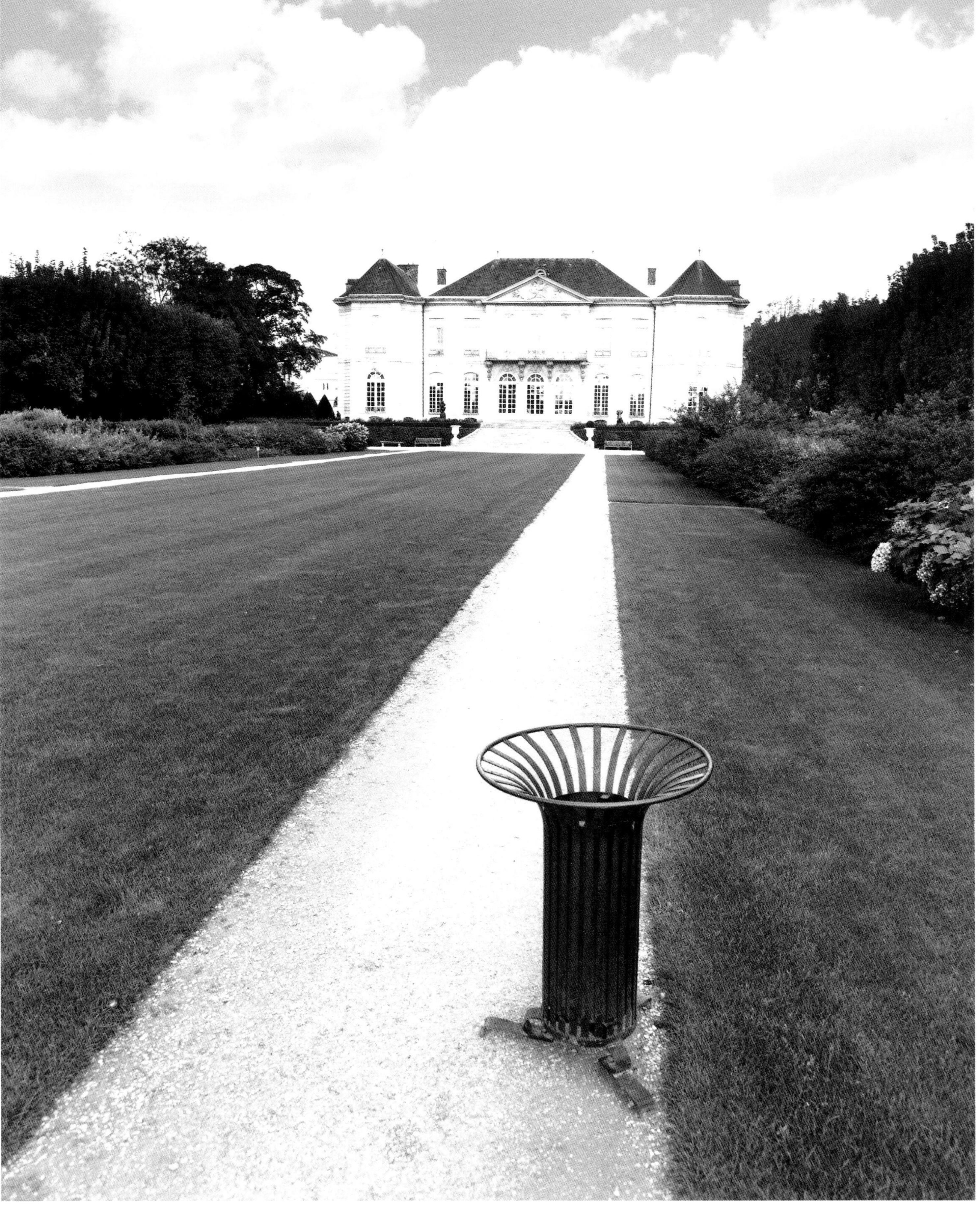

Corbeilles Tulipe

Boulogne Billancourt

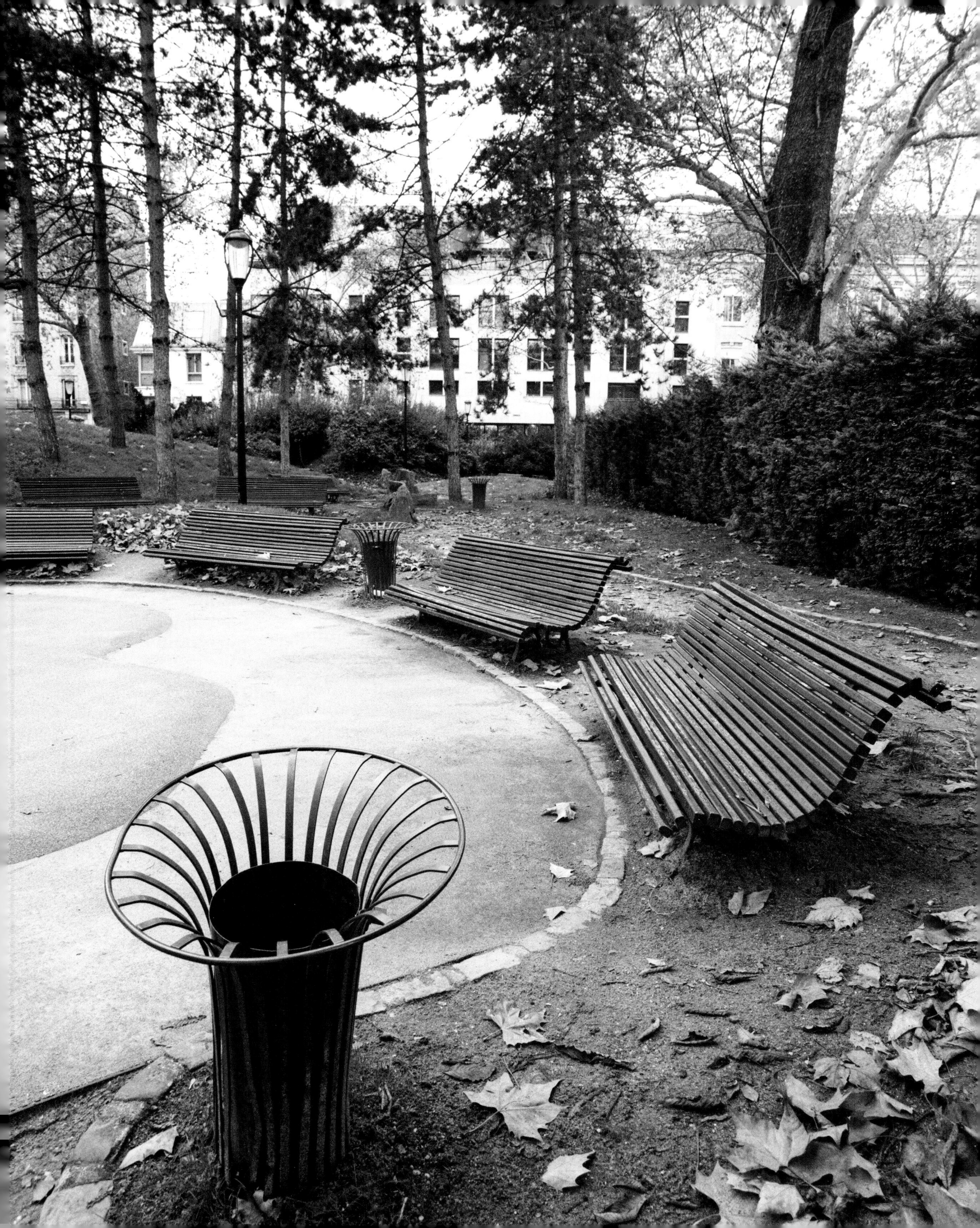

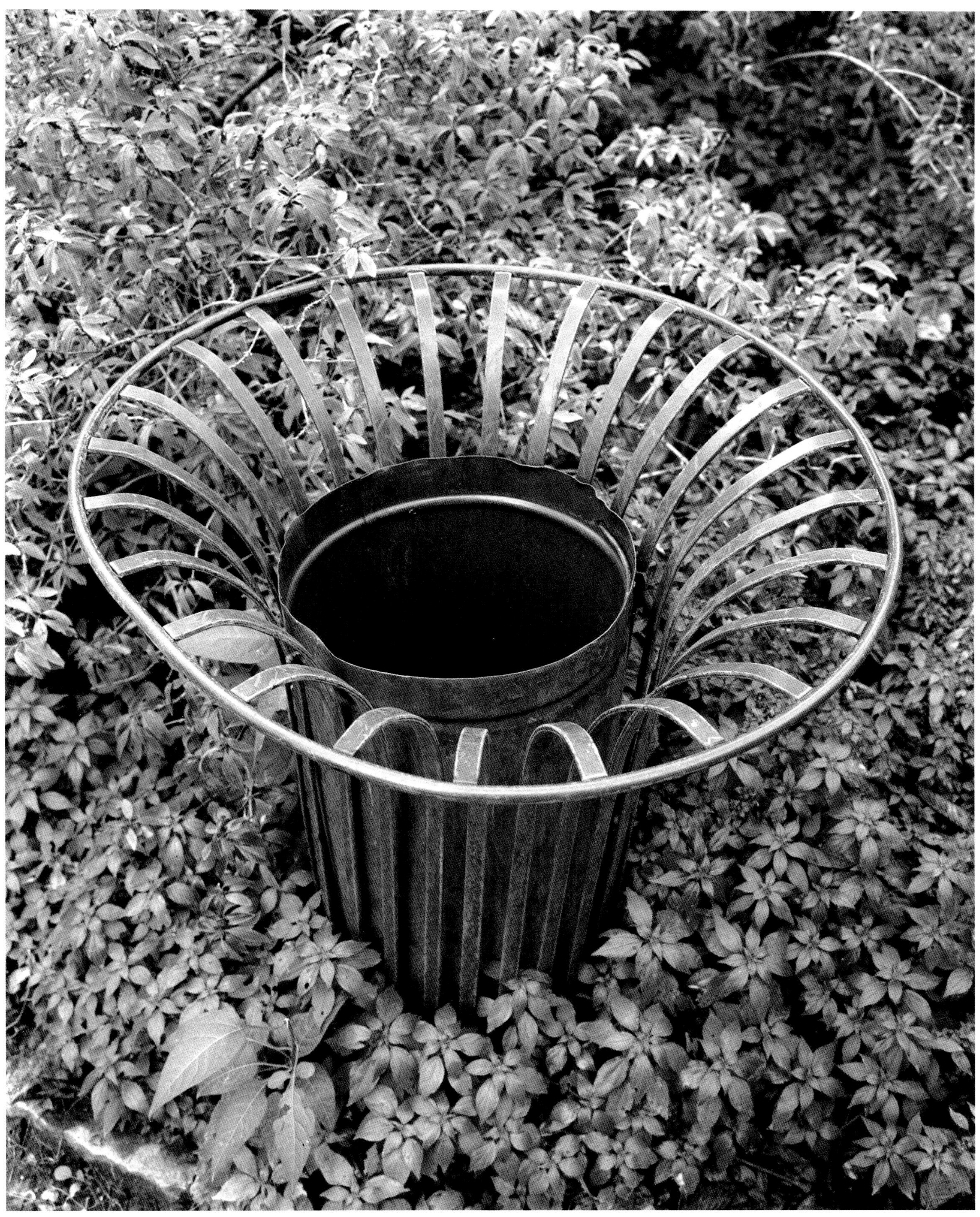

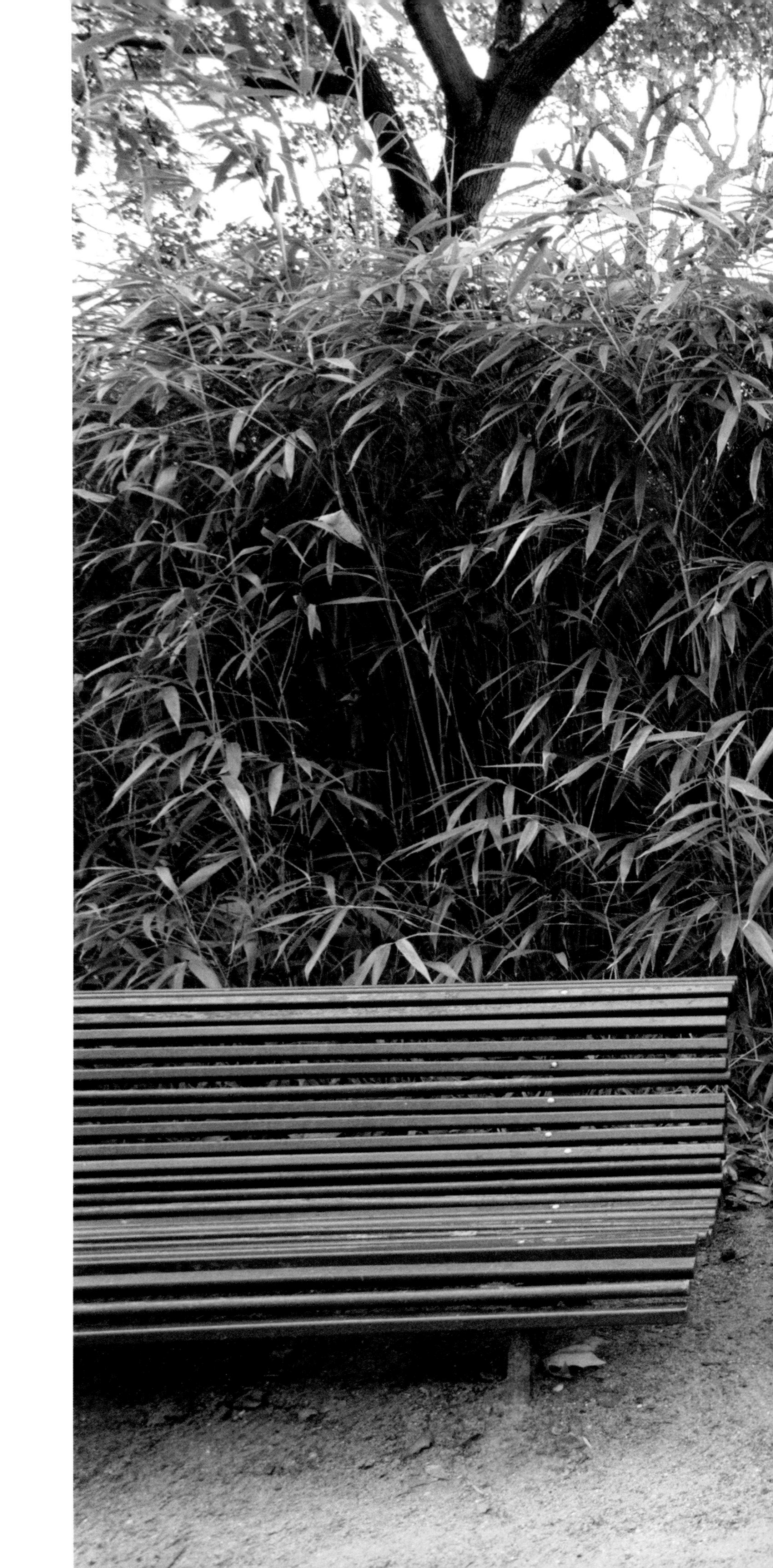

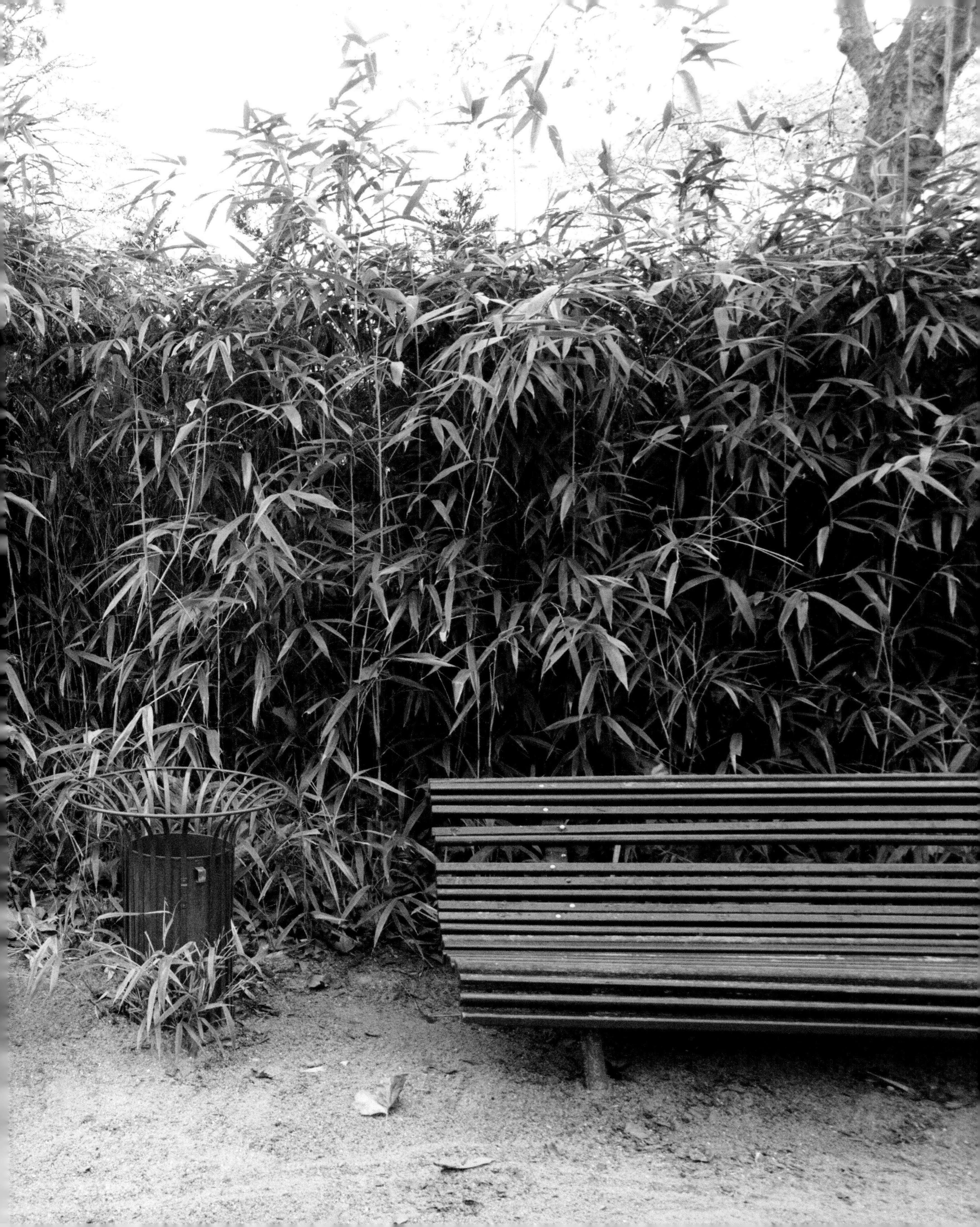

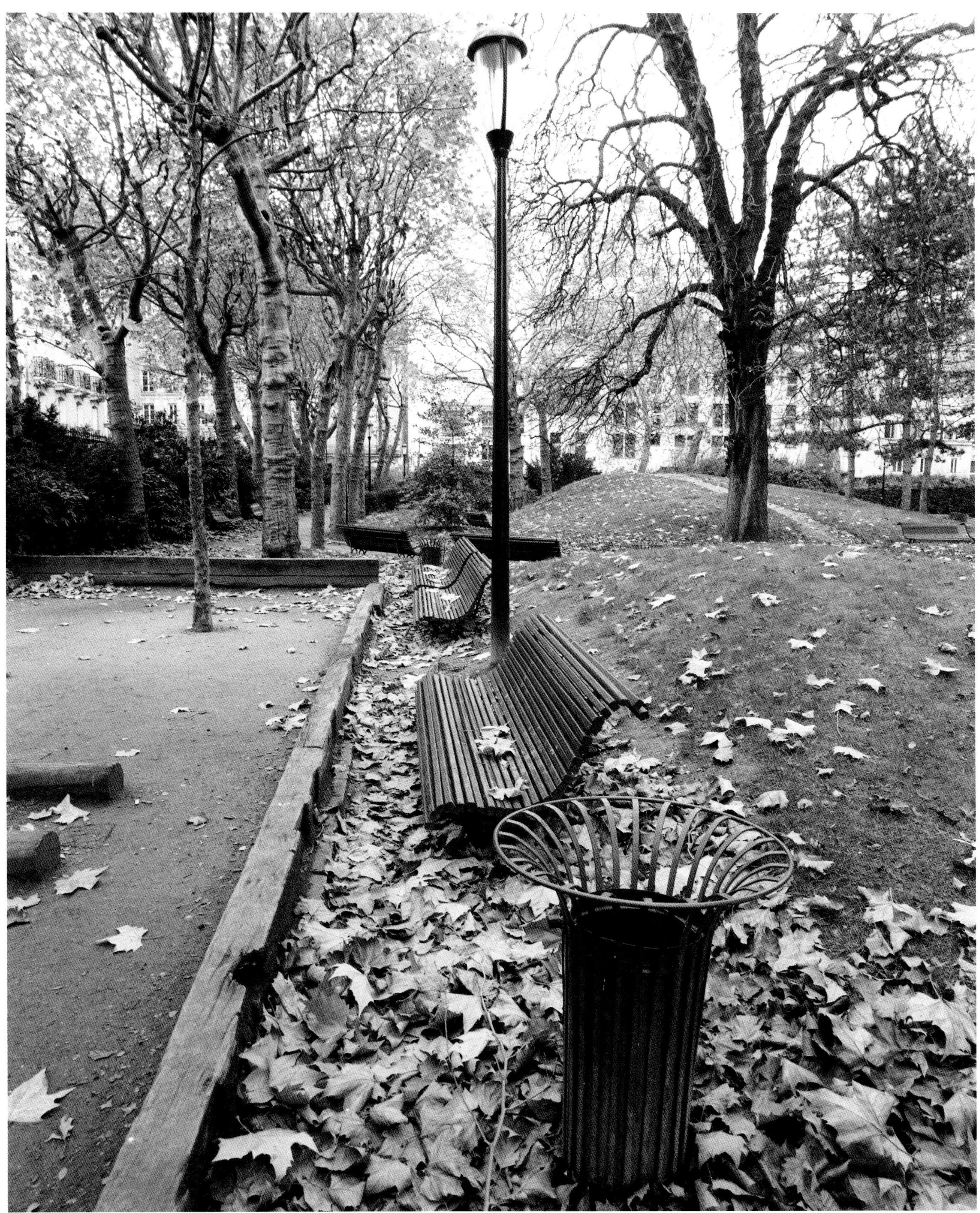

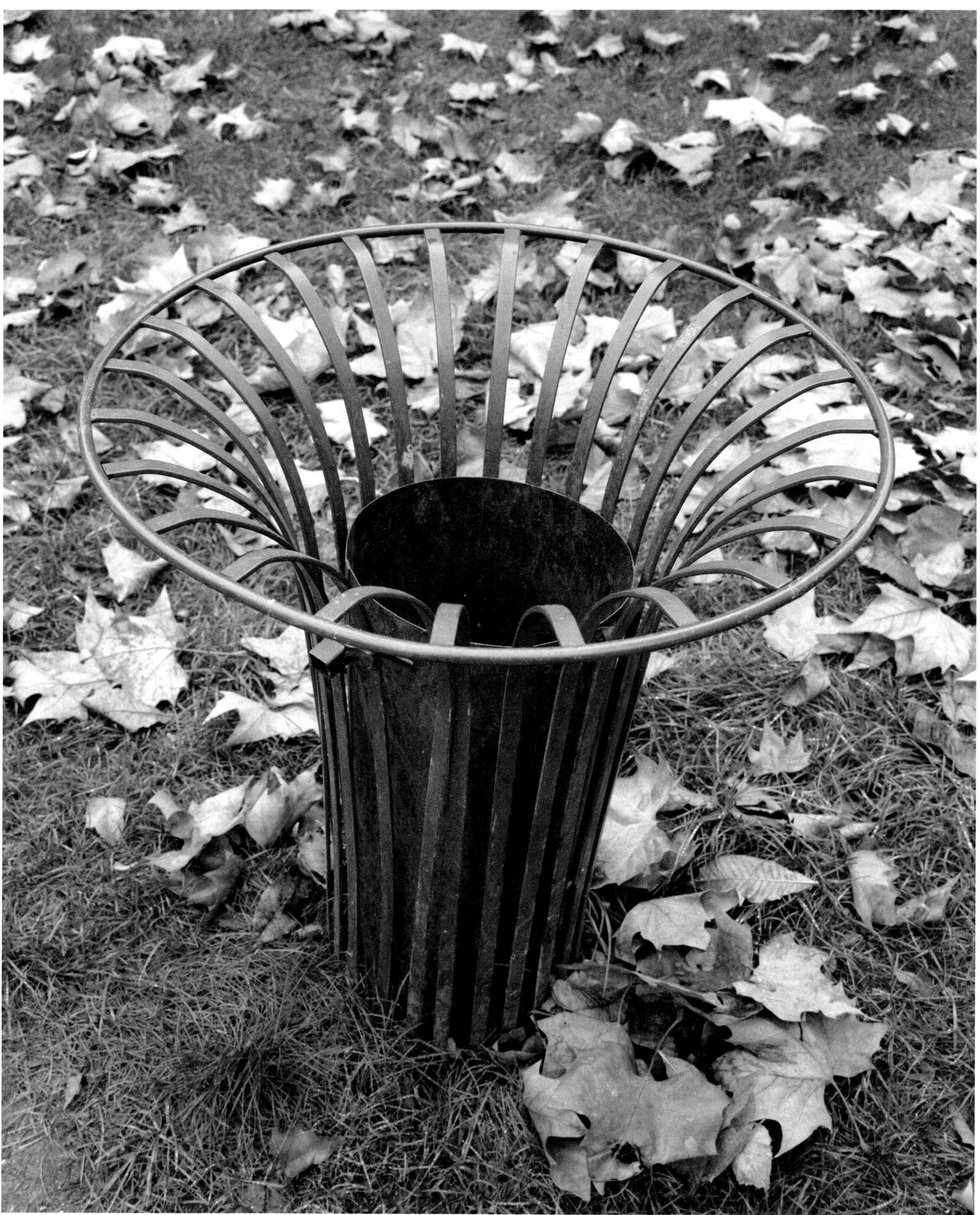

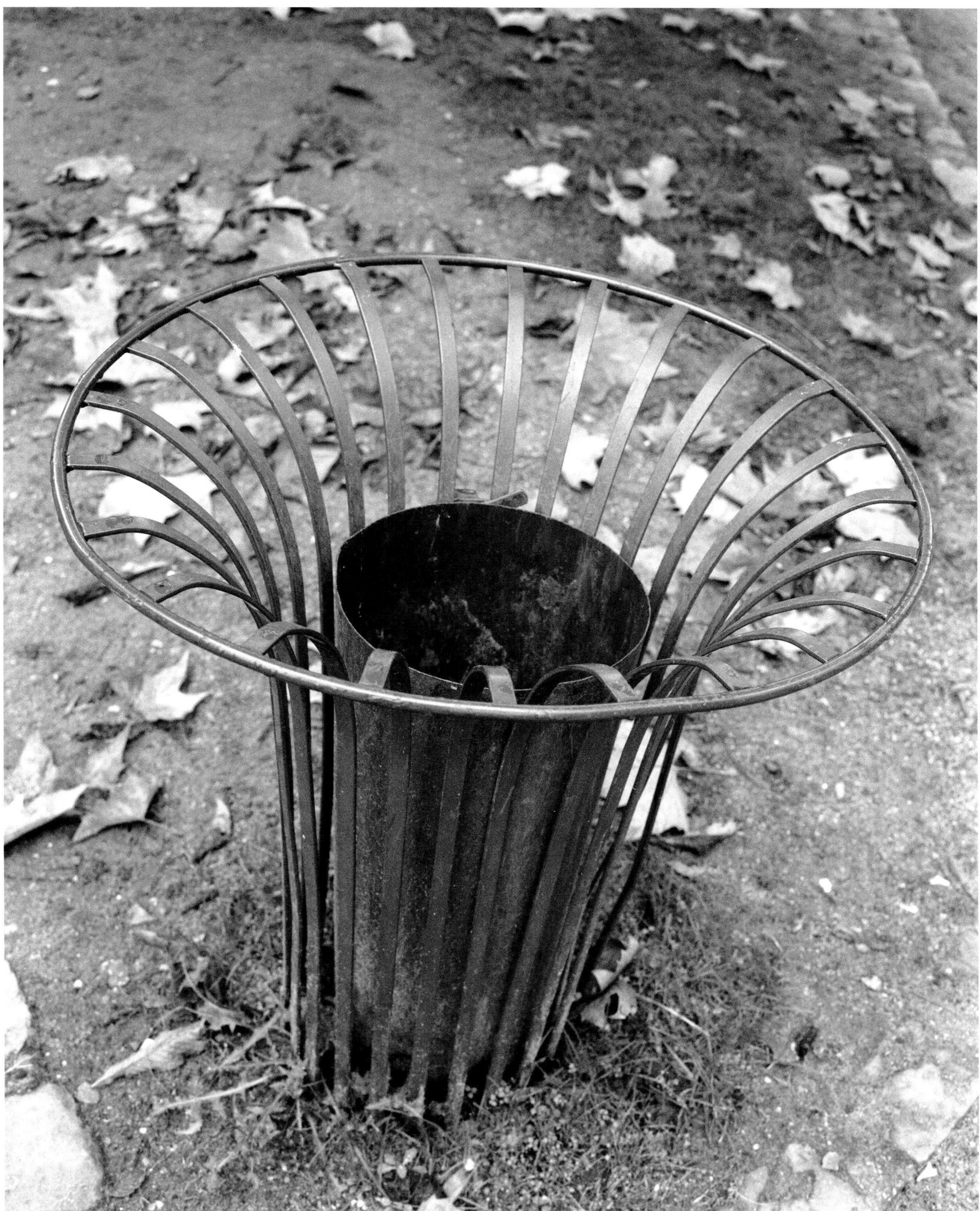

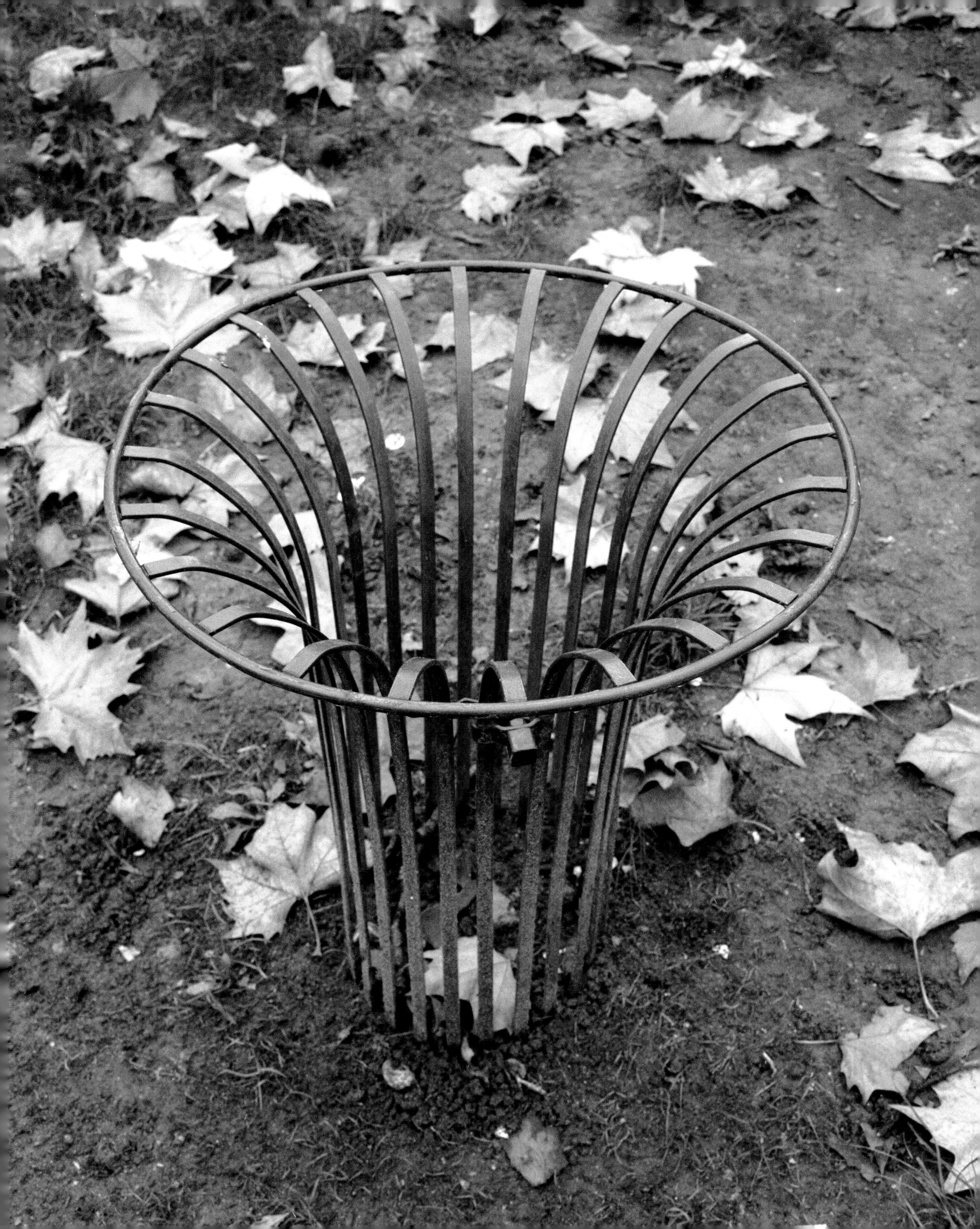

Vita

Ivan Baschang

1971	Geboren in Karlsruhe
1995/98	Fachakademie für Fotodesign (Fotoschule München)
1998/02	Studium an der Akademie der Bildenden Künste München bei Gerd Winner
2000	Umzug nach Paris
2002/03	DAAD Stipendium an der ENSBA (École Nationale Supérieure des Beaux-Arts) in Paris
2003	Diplom in München bei Sean Scully
Seit 2010	Künstlerischer Mitarbeiter von Jean Marc Bustamante an der Akademie der Bildenden Künste, München.

Lebt und arbeitet in Paris und München

Vit et travail à Paris et Munich

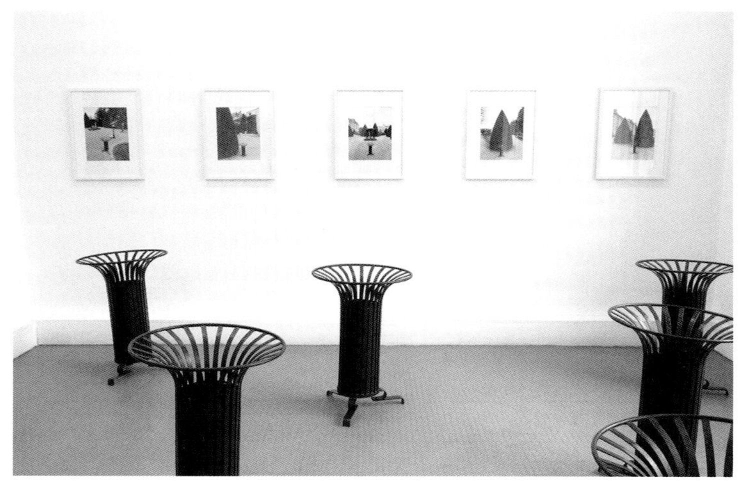

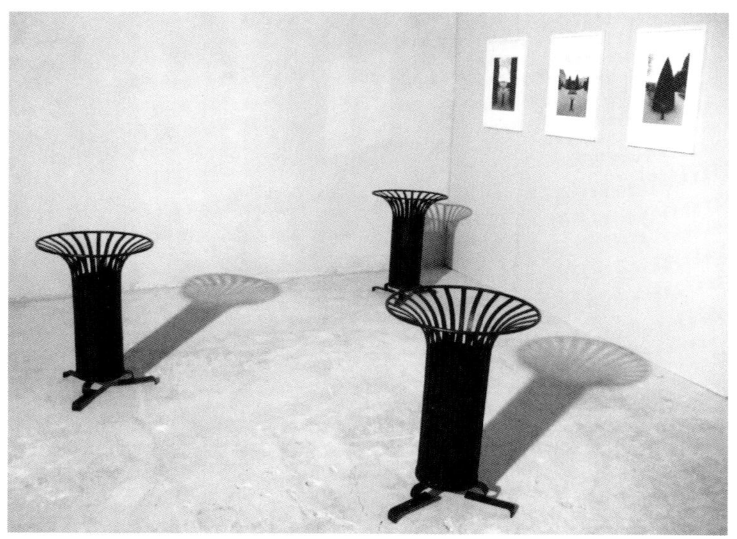

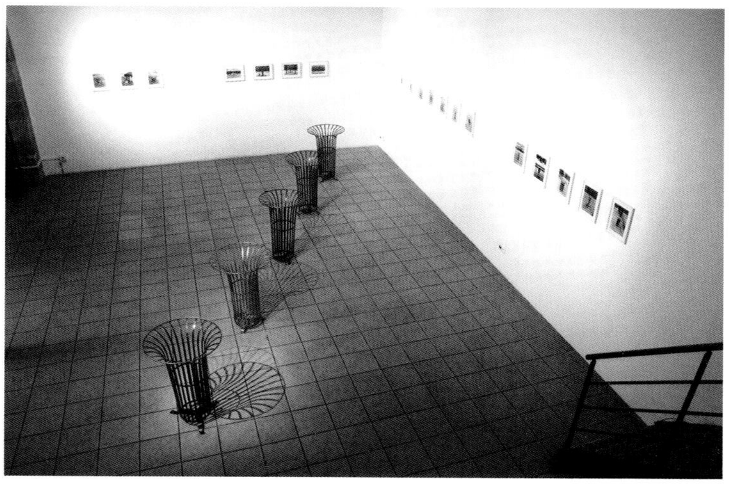

Ausstellungen
Expositions

2013	Corbeilles de Paris, Galerie Bezirk Oberbayern, München (E)
	Paris - München, Galerie Rainer Klimczak, Viersen (E)
	Gleisdreieck, Kunstarkaden München (G)
2012	Galerie Alfred Knecht, Karlsruhe (G)
	Mantova Creativa, Silipandri Palace, Mantua (G)
	Cloud Eleven, Künstlerverein Malkasten, Düsseldorf (G)
	Vitrines de Paris & Mobilier Industriel, Ackerstraße 151, Düsseldorf (E)
2011	Goethe-Institut, Lyon (E)
	Academy, Rathausgalerie München (G)
2010	Galerie Alfred Knecht, Karlsruhe (E)
2009	Wittenbrink 5-Höfe, München (E)
2008	Galerie Alfred Knecht, Karlsruhe (E)
	Kunstmesse Berliner Liste 2008
2007	Städt. Galerie, Neunkirchen (G)
	Urban Conditions, Rathausgalerie München (G)
2006	Laden 44, Düsseldorf (E)
	Friedrich-Ebert-Stiftung, Brüssel (G)
2005	Galerie Wittenbrink, München (E)
2004	Städtische Artothek, München (E)
	Galerie Condé, Goethe-Institut Paris (E)
	Institut Français, München (E)
2003	Große Kunstausstellung München, Haus der Kunst (G)
	Stipendiatenausstellung DAAD Frankreich, Paris (G)

Preise, Förderungen
Prix, Bourses

2013	Erwin- und Gisela von Steiner-Stiftung
2009	Mathias Pschorr-Stiftung
2007	Erwin- und Gisela von Steiner-Stiftung
2005	Kunststiftung Baden-Württemberg
2004	Debütantenförderung des Bayerischen Kultusministeriums
2002/03	Jahresstipendium des DAAD für Studierende in Paris

(E) = Exp. personnel (G) = Exp. de groupe

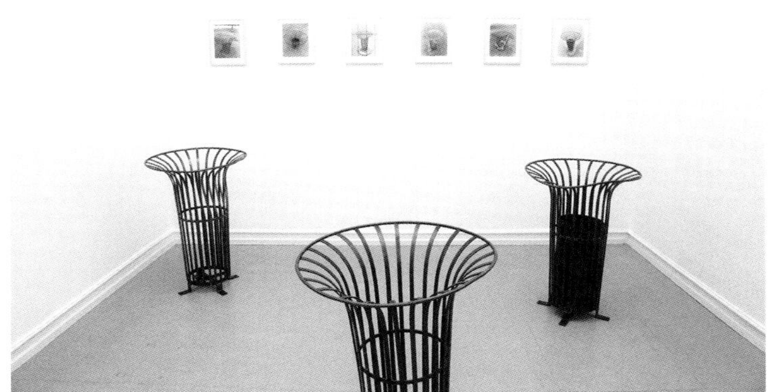

Dieser Katalog erscheint anlässlich der Ausstellung:

IVAN BASCHANG – CORBEILLES DE PARIS

19. Oktober bis 4. Dezember 2013
Galerie Bezirk Oberbayern
Prinzregentenstraße 14
80 538 München
Organisation der Ausstellung in München:
Dorothee Mammel, Kulturreferat Bezirk Oberbayern

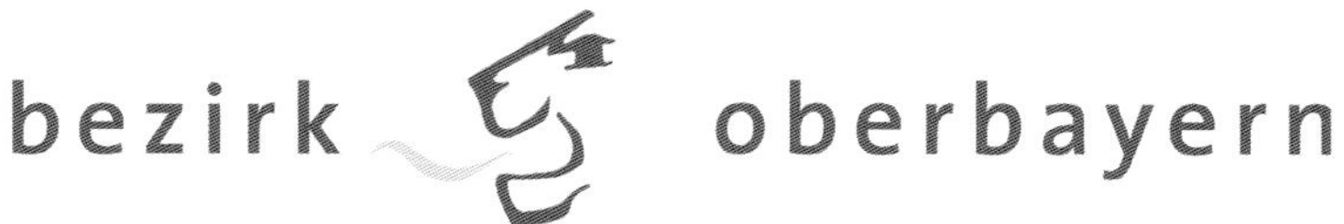

sowie:

4. Januar bis 1. Februar 2014
Galerie Tobias Schrade
Auf der Insel 2 / Fischerviertel
89 073 Ulm

21. bis 29. März
Galerie Judith Andreae
Paul-Kemp-Straße 7
53 173 Bonn

Herbst 2014
Städtische Galerie im Fürstengang
86 633 Neuburg an der Donau

Ivan Baschang
Ohmstr. 20
80 802 München
ivanbaschang@gmail.com
+49 - 172 - 86 64 434
+33 - 6 - 61 54 42 42

KONZEPTION, IDEE UND REDAKTION
CONCEPTION, IDÉE ET RÉDACTION
Claudia Jansen (Hg.)

LEKTORAT/ *RELECTURE*
Kirsten Klöckner, Daniel Rambeck

GESTALTUNG UND SATZ/ *MISE EN PAGE ET COMPOSITION*
Rainer Herrmann

ÜBERSETZUNG/ *TRADUCTION*
Claire Lovy

GESAMTHERSTELLUNG/*RÉALISATION*
DruckVerlag Kettler GmbH, Bönen

VERLAG/ *MAISON D'ÉDITION*
Verlag Kettler, Bönen
www.verlag-kettler.de

ISBN 978-3-86206-263-8

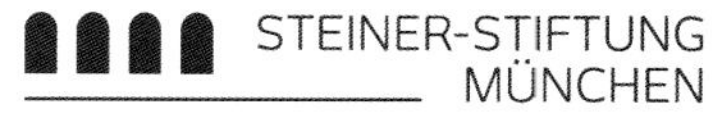

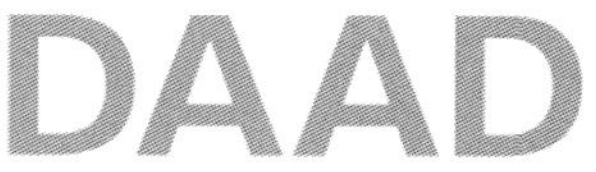

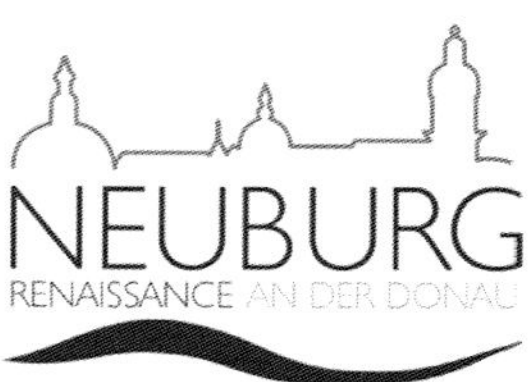

DANK FÜR DIE GROSSZÜGIGE UNTERSTÜTZUNG AN:
TOUS NOS REMERCIEMENTS POUR LEUR GÉNÉREUX SOUTIEN À:

L´équipe du Musée Rodin: Solène, Raphaël, Eddy, Vincent et Dominique | L´équipe des bûcherons du Bois de Vincennes et les cantonniers de l´Atelier Brasserie | Patrick Lebowski | Jean Francou | Dr. Stephan Geifes | DAAD, Bonn | Erwin- und Gisela von Steiner-Stiftung | Bezirk Oberbayern | Galerie Knecht und Burster, Karlsruhe,
galerie-knecht-und-burster.de